Minna no Nihongo

みんなの日本語初級II

初級で読めるトピック25

牧野昭子 澤田幸子 重川明美 田中よね 水野マリ子 著

WITHDRAWN

スリーエーネットワーク

Published by 3A Corporation.
Trusty Kojimachi Bldg., 2F, 4, Kojimachi 3-Chome, Chiyoda-ku, Tokyo 102-0083, Japan

ISBN978-4-88319-185-7 C0081

First published 2001
Printed in Japan

FLIP

はじめに

　わたしたちは日頃から文字や表示などを「読む」ことによって様々な情報を得ています。また、ことばを学習する際には、学習した内容を音声だけでなく文字で確かめることによって、より理解を深め、記憶を助け、効率的に学習することができます。このように、「読む」ことはたいへん重要な活動です。

　日本語の表記には漢字、ひらがな、かたかなの3種類の文字が使われているため、「読む」ことは難しいと感じ、消極的になっている方も多いでしょう。しかし、学習のごく初級の段階から「読む」練習を始めれば、次第に慣れてきます。また、読解が学習の中心となる中級以降の学習にもスムーズに入っていくことができます。

　この本は、「読む」ことに慣れ、「読む」楽しさを味わうことを目指して作りました。読み物の種類も、物語、解説文、手紙、インタビュー、クイズ、アンケート、レシピ、俳句など様々なタイプの読み物を揃え、トピックも幅広く集めました。

　この本は「みんなの日本語初級 II」の各課に対応しており、その学習項目に準拠して作ってあります。「みんなの日本語初級 II」で学習していない語彙は別冊に訳を載せました。ほかの教科書で勉強している方ももちろん使えますので、「学習項目一覧」を参考に適当な読み物を選んでください。

　この本を活用して、「読む」おもしろさ、楽しさを経験してください。

2001年4月

著者一同

この本の使い方

この本は、「本文」「プラスアルファ」で構成されています。

- 本文

  「みんなの日本語初級Ⅱ」の第26課〜50課に対応しており、その学習項目に準拠した内容になっています。

  1．まずタイトルを読んで、何について書かれているか考えてみます。

  2．全体の文章を読みます。わからないことばがあったら、語彙訳（別冊）を見てください。少しぐらいわからないところがあっても、気にしないで最後まで読みましょう。

  3．問題Ⅰをやり、解答（別冊）で答えを確かめます。まちがっていたら、もう一度読み直します。

  4．さらに問題Ⅱの指示に従って、いろいろな活動をしてみましょう。

  5．読み物の内容をより深く理解するために資料がついているものもありますので、参考にしてください。

- プラスアルファ

  第30、31、32、33、35、38、39、40、42、44、45、46、47、49、50課には本文のほかにこのプラスアルファのページがついています。メモ、データ、クイズ、アンケート、料理の作り方、俳句、あいさつ状、実際の新聞記事などいろいろあります。余裕があったら、チャレンジしてみましょう。

Foreword

By means of reading letters, words and sentences, we acquire various types of information. Moreover, when learning new words, the process of studying not only includes confirming the pronunciation and meaning of those words, but can also involve aiding people to cultivate a greater understanding of the words, improving their memory, and even helping them study more efficiently. For all these reasons, reading is an extremely important activity.

Because Japanese writing is made up of three types of letters — kanji, hiragana and katakana — reading Japanese can seem difficult, and many people want to give up before they have even begun. However, if you start practicing reading from the very beginning of your Japanese studies, you will gradually become used to it. It will also help you to smoothly advance to the intermediate level, at which stage much more emphasis is placed on reading comprehension.

This book has been made with the aim of allowing people not only to become used to reading Japanese but also to enjoy it. With this in mind, a great number of topics as well as a variety of reading materials, ranging from stories, explanations, letters and interviews to quizzes, questionnaires, recipes and haiku, have been included in the book.

The book closely follows the material in the individual lessons of *Minna no Nihongo II*. Any words not found in *Minna no Nihongo II* can be located in the Vocabulary List at the back of the book. This book can also be used by students using other textbooks. Simply refer to the study items list to find the most appropriate reading material.

We hope that by using this book reading Japanese will become an interesting and enjoyable experience for everyone.

The authors
April 2001

How to use this book

This book is made up of two main parts: Main Text and Plus Alpha.

- **Main Text**

    Corresponding to Chapters 26 to 50 of *Minna no Nihongo II* , the Main Text covers all the items to be learned in those lessons. Use this part of the book in the following manner:

    1. First of all, read the title and think about what the passage concerns.
    2. Read the main body of the text. If there are any words you do not understand, look them up in the attached Vocabulary List. Even if there are parts you do not understand, try to read to the end of the text.
    3. Do Exercise I and check your answers in the attached Answer Book. If you find you have made a mistake, try to do the exercise in question again.
    4. Following the instructions, do the activities outlined in Exercise II.
    5. Some data accompany the reading passages to help you completely understand the contents. Be sure to refer to this material.

- **Plus Alpha**

    In Chapters 30, 31, 32, 33, 35, 38, 39, 40, 42, 44, 45, 46, 47, 49, and 50, there is also a Plus Alpha page. Here you will find various types of reading material such as memos, deta, quizzes, questionnaires, recipes, haiku, greeting cards, newspaper articles, etc. If you have the time, please try these.

前言

　　平时，我们是通过"读"文字、标记等活动来获得各种信息的。当我们学习语言的时候，不仅仅是通过声音，而且还经文字的确认，加深理解和帮助记忆所学的内容，提高学习效率。可见，"读"在学习语言的过程中，起着非常重要的作用。

　　由于日语中有汉字、平假名、片假名三种书写方式，很多人认为"读"是一件很难的事情，因此常常采取消极的态度。但是，只要在初级阶段就开始练习"读"的话，就会逐渐习惯，同时，这将有助于学习者顺利地进入以阅读和理解为中心的中级阶段。

　　这本书是以习惯"读"，体验"读"的乐趣为目的而编写的教材。本书收集有从故事、解说，到信、采访、考问、征询意见、烹饪方法、俳句等各种类型的读物，可谓内容丰富，话题广泛。

　　本书是对应《みんなの日本語初級Ⅱ》的每篇课文，按照其学习项目编写而成的。没有在《みんなの日本語初級Ⅱ》出现过的词汇写进了附册里。使用其他教材的学习者当然也可参照"学习项目一览"选择适当的文章阅读。

　　希望通过学习这本书，体验"读"的乐趣。

编者
2001 年 4 月

本书的使用方法

这本书由「课前准备练习」「课文」「补充读物」构成。

·课文

该部分与《みんなの日本語初級Ⅱ》第26课～第50课的课文内容相对应，其内容是按照学习项目编排的。

1．首先，读题目后，想一想课文是由什么内容组成的。
2．读整个文章。如有不懂的单词，请参照词汇表（附册）。即使，有一些不懂之处，也无关紧要，希望一直读到最后部分。
3．作完问题Ⅰ后，对答案（参照附册）。如有错处，请重看一遍课文。
4．另外，请按照问题Ⅱ的要求，做各种练习。
5．为了使学习者更好地理解文章内容，我们附加了一些参考资料，请作参考。

·补充读物

第30、31、32、33、35、38、39、40、42、44、45、46、47、49、50课，除了课文以外，还增加了补充读物。内容有留言、信息、考问、征询调查、烹饪方法、俳句、问候信函、实际报导过的新闻等等。如有时间，不妨试一试。

머리말

우리들은 평소에 문자나 표기 등을 읽어 여러 가지 정보를 얻습니다. 언어를 배울때에도 학습한 내용을 음성만이 아닌 문자로도 확인한다면 내용을 더 깊이 이해 할 수 있고 암기에도 도움이 되는 등 「읽기」는 효율적인 학습을 위해 매우 중요한 역할을 합니다.

일본어는 한자, 히라가나, 가타카나 등 세 가지 문자로 표기하기 때문에 「읽기」를 어렵다고 느껴 소홀히 여기는 분들이 많은 듯 합니다. 그러나 학습의 초급 단계부터 「읽기」 연습을 시작하면 차차 익숙해져, 독해가 학습의 중심인 중급 이후의 학습에도 큰 도움이 됩니다.

이 책은 「읽기」에 익숙해지고 「읽기」의 즐거움을 느끼게 하는 것을 목표로 편집되었습니다. 문장의 종류도 설화, 해설문, 편지, 인터뷰, 퀴즈, 앙케이트, 요리만드는 법, 일본 고유의 단시(俳句)등 다양한 형태의 읽을 거리로 구성되어 있고, 토픽도 폭넓게 선택하였습니다.

이 책은 「みんなの日本語初級II」의 각 과에 대응되며 그 학습 항목에 준거하여 편집하였습니다. 「みんなの日本語初級II」에서 배우지 않은 어휘는 별책에 그 번역을 실었습니다. 물론 다른 교과서를 가지고 공부하는 분들도 이 책을 사용하실 수 있으므로 「학습 항목 일람」를 참고 하여 적당한 내용을 선택하기 바랍니다.

이 책을 통해 「읽기」의 재미와 즐거움을 체험해 보기 바랍니다.

2001년 4월
저자일동

이 책의 사용법

이 책은 본문 그리고 「플러스 알파」로 구성되어 있습니다.

• 본문

「みんなの日本語初級Ⅱ」의 제26과부터 제50과까지와 대응되고, 그 내용도 「みんなの日本語初級Ⅱ」학습항목에 준한 내용으로 구성되어 있습니다.

학습순서는:

1. 먼저 제목을 보고 무슨 내용인가 생각해 봅니다.

2. 그리고는 전체 문장을 읽어봅니다. 모르는 단어가 있으면 별책의 어휘 번역을 참고하시고 조금 모르는 부분이 있어도 개의치 말고 마지막까지 읽어나갑니다.

3. 다음은 문제Ⅰ을 풀어보고 별책의 해답과 대조해 봅니다. 틀렸으면 다시 한 번 본문을 읽어봅니다.

4. 계속해서 문제Ⅱ의 지시에 따라 여러 가지 연습을 해 봅니다.

5. 본문을 보다 깊이 이해할 수 있도록 자료를 첨부한 곳도 있으니 참고하기 바랍니다.

• 플러스 알파

제30, 31, 32, 33, 35, 38, 39, 40, 42, 44, 45, 46, 47, 49, 50과에는 본문 외에 플러스 알파 페이지가 첨가되어 있습니다. 메모, 데이터, 퀴즈, 앙케이트, 요리 만드는 방법, 일본 고유의 단시(俳句), 인사장 등 다양한 내용이 있으므로 여유가 있으면 도전해 보기 바랍니다.

Prakata

Kita selalu mendapatkan bermacam-macam informasi dengan "membaca" huruf, petunjuk dan lain-lain. Dan kemudian ketika kita mempelajari bahasa, dengan mengkonfirmasikan isi yang sudah dipelajari tidak hanya dengan suara tetapi juga dengan huruf-huruf, memperdalam pengertian, membantu ingatan, dan akhirnya bisa mempelajarinya secara effektif. Dengan demikian "membaca" adalah kegiatan yang sangat penting.

Untuk menulis bahasa Jepang dipakai tiga jenis huruf yaitu huruf Kanji, Hiragana dan Katakana. Oleh karena itu tidak sedikit orang yang merasa bahwa "membaca" adalah sulit dan menjadi pasif. Tetapi kalau sejak pertama kali belajar mulai latihan "membaca", maka sedikit demi sedikit akan menjadi terbiasa. Lagi pula pelajar bisa melanjutkan secara lancar ke tingkat menengah dan lanjutan, di mana membaca adalah sebagai pusat pelajaran.

Buku ini dibuat supaya pelajar terbiasa dengan "membaca" dan menyenangi "membaca". Ada bermacam-macam bacaan, mulai dari hikayat, ulasan, surat, interviu, kuis, angket, cara membuat masakan, Haiku（puisi pendek khas Jepang）, dll. Topiknya pun ada bermacam-macam.

Buku ini berhubungan dengan setiap pelajaran "Minna no Nihongo II" dan berdasarkan atas item-item pelajarannya. Kosa kata yang tidak ada di dalam pelajaran "Minna no Nihongo II" ada di buku lampiran terjemahan. Orang-orang yang belajar bahasa Jepang dengan buku pelajaran yang lain tentu saja bisa memakainya, jadi silahkan memilih bacaan yang tepat dalam lampiran item-itemnya.

Silahkan manfaatkan buku ini dan Anda akan mendapatkan pengalaman yang menarik dan menyenangkan dengan "membaca".

April 2001
Penulis

Cara Menggunakan Buku Ini

Buku ini terdiri dari "Teks" dan "Latihan-latihan Tambahan".

· Teks

Isinya sesuai dengan apa yang terdapat pada pelajaran 26 sampai pelajaran 50 "Minna no Nihongo II", dan berdasarkan atas item-item pelajarannya.

1. Pertama-tama membaca judul dan menerka isinya tentang apa.
2. Membaca semuanya. Apabila ada kosa kata yang belum diketahui, silahkan melihat buku lampiran terjemahan.
   Sekalipun ada bagian yang sukar dimengerti, tidak mengapa dan bacalah sampai selesai.
3. Menjawab soal I dan mencek jawaban Anda dengan jawaban yang tepat (buku lampiran terjemahan). Apabila jawabannya salah, bacalah sekali lagi.
4. Selanjutnya melakukan berbagai kegiatan sesuai dengan petunjuk soal II.
5. Bahan yang terdapat pada pelajaran tidak semuanya dilengkapi dengan data hanya untuk memperdalam pengertian isi bacaan. Jadikanlah sebagai pedoman.

· Latihan-latihan Tambahan

Di dalam pelajaran 30, 31, 32, 33, 35, 38, 39, 40, 42, 44, 45, 46, 47, 49, dan 50, selain Teks juga terdapat Latihan-latihan Tambahan. Isinya adalah memo, data, kuis, angket, cara membuat masakan, Haiku, surat/kartu ucapan selamat/pemberitahuan, dll. Cobalah kalau ada kesempatan.

คำแนะนำ

การอ่านตัวหนังสือ คำศัพท์ และประโยค ทำให้เราได้รู้ข้อมูลข่าวสารต่างๆ หลาย
อย่าง นอกจากนั้น เวลาเรียนคำศัพท์ใหม่ๆ วิธีการเรียนไม่ใช่แต่เพียงแค่ออกเสียงตามเนื้อหาที่ได้
เรียนเท่านั้น การดูตัวหนังสือและจดจำความหมายของคำศัพท์ให้แม่นยำ จะเป็นการช่วยฝึกฝน
บุคคลให้มีความเข้าใจมากขึ้นกับคำเหล่านั้น ช่วยเหลือด้านความทรงจำ และเป็นผลช่วยให้การเล่า
เรียนได้ผลดีขึ้น ด้วยเหตุผลดังที่กล่าวมาแล้ว การอ่าน ถือเป็นสิ่งสำคัญที่สุดของการเรียน

เนื่องจากตัวหนังสือในภาษาญี่ปุ่นประกอบขึ้นด้วยตัวอักษร 3 อย่าง คือ คันจิ ฮิระ
งะนะ และ คะตะคะนะ ฉะนั้นจึงทำให้รู้สึกว่าการอ่านภาษาญี่ปุ่นนั้นยาก ทำให้หลายๆ ท่านคิดเลิก
ล้มความตั้งใจเรียนเสียก่อนที่จะได้เริ่มเรียน อย่างไรก็ตามถ้าท่านเริ่มฝึกฝนกับ การอ่าน ตั้งแต่เริ่ม
แรกที่เรียนภาษาญี่ปุ่นก็จะทำให้ท่านค่อยๆ คุ้นเคยและชินกับ การอ่าน และยังจะช่วยให้ท่าน
สามารถเรียนภาษาญี่ปุ่นต่อได้อย่างไม่มีอุปสรรคในระดับที่สูงขึ้นจากระดับกลางซึ่งเนื้อหาการเรียน
จะเน้นหนักในเรื่องของ การอ่าน เป็นส่วนมาก

ตำราเล่มนี้เขียนขึ้นด้วยวัตถุประสงค์เพื่อให้ผู้อ่านสร้างความเคยชินกับ การอ่าน
และรับรู้ถึงความสนุกเพลิดเพลินกับ การอ่าน ไปด้วย เพราะฉะนั้น จะมีหัวข้อหลายๆ หัวข้อพร้อม
ข้อมูลคำอ่านต่างๆ เริ่มตั้งแต่ นิทาน,นิยาย ประโยคอธิบาย จดหมาย การสัมภาษณ์ ตลอดจนข้อ
ทดสอบ แบบสอบถาม วิธีปรุงอาหาร และ โคลงไฮคุ ซึ่งมีรวบรวมอยู่ในตำราเล่มนี้

ในแต่ละบทของตำราเล่มนี้จะสอดคล้องต่อเนื่องกันกับตำรา Minna no Nihongo
II คำศัพท์คำใดที่ไม่มีในตำรา Minna no Nihongo II นั้น จะสามารถหาได้จากประมวลคำศัพท์
ที่มีอยู่ในท้ายเล่มของตำราเรียน และสำหรับผู้เรียนที่ใช้ตำราเรียนอื่นก็สามารถใช้ตำรานี้ไปพร้อมกัน
ได้ โดยเลือกคำที่ต้องการทราบได้จากรายการสารบัญหัวข้อบทเรียน

เราหวังเป็นอย่างยิ่งว่า จากการใช้ตำราเล่มนี้จะทำให้ท่านได้ประสบการณ์ที่น่าสนใจ
และเพลิดเพลินในเรื่องของการอ่านภาษาญี่ปุ่น

ผู้เขียน
เมษายน 2001

วิธีใช้หนังสือเล่มนี้

ตำรานี้ประกอบด้วย **ตัวบท** และ **พลัส-อัลฟา**

- **ตัวบท**

    ในส่วนนี้ของตำราจะมีเนื้อหาที่ตรงกับในตำรา Minna no Nihongo II ตั้งแต่บทที่ 26 ถึง
บทที่ 50 เนื้อหารายละเอียดของการเรียนด้วยตำราเล่มนี้มีดังต่อไปนี้

    1. เริ่มต้นด้วยการอ่านหัวข้อเรื่อง และพยายามสร้างความเข้าใจว่าเป็นเนื้อเรื่องเกี่ยวกับ
       อะไร
    2. อ่านประโยคทั้งหมด และหากมีคำศัพท์คำใดที่ไม่เข้าใจกรุณาตรวจสอบได้จากประมวล
       คำศัพท์ (เล่มต่างหาก) และถึงแม้ว่าจะมีส่วนหนึ่งส่วนใดในบทเรียนที่ไม่เข้าใจก็
       กรุณาอย่าเป็นกังวลและควรอ่านให้จบถึงบทสุดท้ายของบทเรียน
    3. ฝึกตอบคำถาม I และตรวจสอบคำตอบที่มีเฉลยอยู่ในสมุดคำตอบ หากมีคำตอบที่ผิด
       กรุณาอ่านทวนคำถามและทำใหม่ให้ถูกอีกครั้ง
    4. อ่านคำแนะนำการทำกิจกรรมที่มีเตรียมเอาไว้ให้ในคำถาม II
    5. ข้อมูลบางอย่างจะมีวิธีการอ่านปลีกย่อยประกอบมาให้ด้วย เพื่อที่จะได้ช่วยให้ท่านเข้า
       ใจความหมายของประโยคได้อย่างถูกต้องครบถ้วน กรุณาใช้ข้อมูลเป็นส่วนประกอบ
       การเรียน

- **พลัส-อัลฟา**

    สำหรับบทที่ 30, 31, 32, 33, 35, 38, 39, 40, 42, 44, 45, 46, 47, 49 และ 50 นอก
จากตัวบทแล้ว ยังมี พลัส-อัลฟา และข้อความที่เป็นหัวข้อหลาย ๆ ประเภท เช่น สมุดบันทึก เดต้า
ข้อทดสอบ แบบสอบถาม วิธีปรุงอาหาร โคลงไฮคุ บัตรอวยพร ฯลฯ และหากท่านมีเวลาก็กรุณา
ลองอ่านดู

目次
もく　じ

学習項目一覧
がくしゅうこうもくいちらん

課 か	題 だい	学習項目 がくしゅうこうもく
第26課 だい か	スペースシャトルの生活はどうですか せいかつ	〜んです
第27課 だい か	忍者 にんじゃ	可能動詞 かのうどうし 見えます・聞こえます み き
第28課 だい か	昼ごはんはどこで？　何を？ ひる なに	〜ながら 〜ています 〜し、〜し
第29課 だい か	わたしの失敗 しっぱい	（自動詞）ています じどうし 〜てしまいました
第30課 だい か	日本でいちばん にほん 書き置き か お	（他動詞）てあります たどうし 〜ておきます
第31課 だい か	1月1日 がつついたち あなたは何年生まれ？ なにどしう	（意向形）と思っています いこうけい おも 〜つもりです
第32課 だい か	20世紀の予想 せいき よそう 20世紀はこんな世紀 せいき せいき	〜でしょう 〜かもしれません
第33課 だい か	大声大会 おおごえたいかい こんな人にこのことば ひと	命令形 めいれいけい 〜という意味です いみ
第34課 だい か	あなたの国では？ くに	〜とおりに 〜て／ないで〜
第35課 だい か	自動販売機 じどうはんばいき アイデア自動販売機 じどうはんばいき	〜ば 〜なら 〜ば〜ほど
第36課 だい か	動物の目 どうぶつ め	〜ように 〜ようになりました
第37課 だい か	55年かかってゴールインした日本人選手 ねん にほんじんせんしゅ	受身 うけみ

1

課 <small>か</small>	題 <small>だい</small>	学 習 項 目 <small>がくしゅうこうもく</small>
第38課 <small>だい か</small>	消したいもの <small>け</small>	～のは～
	迷惑なことは？ <small>めいわく</small>	～のが～
	なぞなぞ	～のを～
第39課 <small>だい か</small>	タイタニック	～ので
	あの映画を見ましたか <small>えいが み</small>	～て・～で（原因・理由） <small>げんいん りゆう</small>
第40課 <small>だい か</small>	常識 <small>じょうしき</small>	～か
	だれでもできて健康にいい習慣、教えます <small>けんこう しゅうかん おし</small>	～かどうか
	健康チェック <small>けんこう</small>	～てみます
第41課 <small>だい か</small>	ロボットといっしょ	～てやります
第42課 <small>だい か</small>	肉を食べると <small>にく た</small>	～ために（目的） <small>もくてき</small>
	地球はどうなる？ <small>ちきゅう</small>	～のに（目的） <small>もくてき</small>
	あなたのエコロジー度は？ <small>ど</small>	
第43課 <small>だい か</small>	お元気ですか <small>げんき</small>	～そうです（様態） <small>ようたい</small>
		～て来ます <small>き</small>
第44課 <small>だい か</small>	カレー	～すぎます
		～にくい／やすいです
	料理教室 <small>りょうりきょうしつ</small>	～く／にします
		～く／に～
第45課 <small>だい か</small>	119番に電話をかける <small>ばん でんわ</small>	～場合（は） <small>ばあい</small>
	危ない！ <small>あぶ</small>	～のに（逆接） <small>ぎゃくせつ</small>
第46課 <small>だい か</small>	いとこの長靴 <small>ながぐつ</small>	～ところです
		～ばかりです
	俳句 <small>はいく</small>	～はずです
第47課 <small>だい か</small>	空を飛ぶ自動車 <small>そら と じどうしゃ</small>	～そうです（伝聞） <small>でんぶん</small>
	ほんとうにあるのは？	～ようです
第48課 <small>だい か</small>	竹取物語 <small>たけとりものがたり</small>	使役 <small>しえき</small>

課 _か	題 _{だい}	学 習 項 目 _{がくしゅうこうもく}
第49課 _{だい か}	人生 _{じんせい}	尊敬語 _{そんけいご}
	あいさつ状 _{じょう}	
第50課 _{だい か}	紫式部に聞く _{むらさきしきぶ き}	謙譲語 _{けんじょうご}
	お会いできて、うれしいです _あ	

スペースシャトルの生活はどうですか
せいかつ

——どうしてスペースシャトルではいつも「泳いで」いるんですか。
　　　　　　　　　　　　　　　　　　　　　　　　　　　　およ

宇宙は重力がありませんから、歩くことができないんです。
うちゅう　じゅうりょく　　　　　　　　　　ある

——じゃ、靴ははかなくてもいいですね。
　　　　　くつ

ええ、シャトルの中では普通はいていません。
　　　　　　　なか　　ふつう

——シャトルは飛行機よりずっと速いでしょう？
　　　　　　　ひこうき　　　　　　はや

ええ。90分で1回地球を回ります。1日に16回朝と夜が来るんです。
　　　ぶん　　かいちきゅう　まわ　　　にち　　かいあさ　よる　く

——寝る時間はどうやって決めるんですか。
　　ね　じかん　　　　　　　き

グループが2つあって、
　　　　　ふた

シャトルが打ち上がったら、
　　　　　う　あ

1つのグループはすぐ寝ます。
ひと　　　　　　　　ね

もうひとつのグループは12時間
　　　　　　　　　　　じかん

働いてから、寝ます。
はたら　　　　ね

——おふろはどうするんですか。

宇宙では水はボールになりますから、
うちゅう　みず

おふろに入ることができません。3日に
　　　はい　　　　　　　　　　みっか

1回体をふきますが、においを全部取
かいからだ　　　　　　　　　　ぜんぶと

ることができません。ですから、シャト

ルに乗るまえに、食べ物に気をつけま
の　　　　　た　もの　き

す。においが強い食べ物は食べません。
　　　　　つよ　た　もの　た

——あのう、トイレは？

特別なトイレで、使い方が難しいです。地球でよく練習しました。
とくべつ　　　　　　つか　かた　むずか　　　　　ちきゅう　　　　れんしゅう

でも、トイレはドアがありますから、一人になることができます。

——雑誌で読んだんですが、宇宙で生活すると、背が高くなるんですか。

ええ、宇宙へ行くと、4.8〜7.4センチ高くなります。しかし、地球へ帰ったら、まえと同じになります。

——10年宇宙にいたら、どうなるんですか。

まだわかりません。これから研究しなければなりません。

（参考図書：1994年中冨信夫著『向井千秋　宇宙からの帰還』早稲田出版
1992年毛利衛著『宇宙実験レポート from U. S. A』講談社）

I　正しいものに○、正しくないものに×を書いてください。

1)　（ ✗ ）宇宙では暗くなったら寝て、明るくなったら起きる。

2)　（ ○ ）シャトルではおふろに入ったり、シャワーを浴びたりすることができない。

3)　（ ✗ ）シャトルのトイレは地球のトイレと使い方が同じだ。

4)　（ ✗ ）宇宙から帰ると、まえより背が高くなる。

II　1.　考えてください。

1)　どうして宇宙で背が高くなると思いますか。

2)　宇宙に10年いたら、どうなると思いますか。

2.　シャトルの中の生活についてどんなことを知りたいですか。

1. じゅうりょくが ありませんから、うちゅうで せが たかく なると おもいます。

2) とても さべしく なると おもいます。

2. うちに ある かぞくと どうやって れんらくを するか しりたいです。

忍 者
にん じゃ

　忍者は昔のスパイだ。忍者は厳しい訓練をしたから、いろいろなこと
にんじゃ　むかし　　　　　　　　にんじゃ　きび　　くんれん
ができた。スポーツの選手と同じだ。とても速く歩いたり、走ったりす
　　　　　　　　　　せんしゅ　おな　　　　　　　　はや　ある　　　　はし
ることができた。高い壁を登ることや長い時間水の中にいることもでき
　　　　　　　　たか　かべ　のぼ　　　　　なが　じかんみず　なか
た。目や耳がよかったから、遠い所がよく見えた。小さい音でもよく聞
　　め　みみ　　　　　　　　　　とお　ところ　　　　み　　　ちい　おと　　　　　き
こえた。

　映画や漫画では時々おもしろいまちがいが見られる。映画や漫画の忍
えいが　まんが　ときどき　　　　　　　　　　　　み　　　　えいが　まんが　にん
者は水の上を歩いたり、空を飛んだりしている。でも、実際は無理だ。
じゃ　みず　うえ　ある　　　　そら　と　　　　　　　　　　じっさい　むり
忍者はとても速く動いたり、いろいろな道具を使ったりした。それで、
にんじゃ　　　　　はや　うご　　　　　　　　　　どうぐ　つか
普通の人ができないことができたのだ。
ふつう　ひと

　滋賀県や三重県には昔、忍者が住んでいたうちがある。うちの中には
しがけん　みえけん　　むかし　にんじゃ　す　　　　　　　　　　　　なか
いろいろおもしろいものがある。部屋の壁の前に立つと、壁が回転して、
　　　　　　　　　　　　　　　へや　かべ　まえ　た　　　　かべ　かいてん
人が消える。小さい秘密の部屋から隣や下の部屋の中が見られる。忍者
ひと　き　　　ちい　ひみつ　へや　　　となり　した　へや　なか　み　　　　にんじゃ
が使ったいろいろな道具もある。
つか　　　　　　　　　どうぐ

　でも、今、忍者には会えない。残念だ。
　　　いま　にんじゃ　　あ　　　ざんねん

Ⅰ 1.　正しいものに〇、正しくないものに×を書いてください。
　　　ただ　　　　　　　　ただ　　　　　　　　　　か

　1)　（〇）忍者はスパイの仕事をしました。
　　　　　　にんじゃ　　　　しごと

　2)　（〇）忍者は普通の人より目や耳がよかったです。
　　　　　　にんじゃ　ふつう　ひと　　め　みみ

　3)　（×）忍者は水の上を歩いたり、空を飛んだりすることが
　　　　　　にんじゃ　みず　うえ　ある　　　　そら　と
　　　　　　できました。

　4)　（×）忍者のうちに今も忍者が住んでいます。
　　　　　　にんじゃ　　　いま　にんじゃ　す

2.　答えてください。

　　1)　忍者はどんなことができましたか。

　　2)　どうして忍者はいろいろなことができましたか。

はやく あるいたり、はしったり、たかい かべを のぼったり、ながい じかん みずの なかに いたり することが できました。

さびしい くんれんを したから、いろいろな ことが できました。

Ⅱ)　忍者の映画や漫画を見たことがありますか。どうでしたか。

忍者教室

1.　忍者のうち

三重県上野市　滋賀県甲南町
きょうと　びわこ
なごや
おおつ
おおさか

2.　忍者の訓練

①水をまいたふすまの上を歩く。
　ふすまの紙を破ってはいけない。

②長い時間水に顔をつける。

③1時間に20kmぐらい走る。
　頭に10mぐらいのひもをつける。
　ひもが下についてはいけない。

④麻を植える。毎日その上を
　跳ぶ。麻はだんだん大きく
　なって、2mぐらいになる。

①〜④の訓練をすると、忍者の体になる。

（参考図書：1994年菊池馨著『「忍たま乱太郎」に学ぶ忍者の教科書』データハウス）

7

昼ごはんはどこで？　何を？

昼ごはんについていろいろな人に聞きました。

《中村正さん／会社員》

たいてい社員食堂で食べます。安いし、それにメニューを見ると、料理のカロリーがわかるんです。実は去年こちらに転勤して、今、一人で住んでいますから、晩ごはんはほとんど外食なんです。ですから、昼ごはんは社員食堂で、栄養やカロリーを考えて、体にいい物を選んで食べています。

焼肉定食（やきにくていしょく）
450円　778kcal

《岡本洋子さん／主婦》

昼ごはんは一人でテレビを見ながら食べます。きょうはきのうの晩ごはんのすき焼きがありましたから、それを食べました。

今、1週間に1回、ダンス教室に通っています。その日は友達と教室の近くのレストランで食べます。ちょっと高いけど、おいしいし、静かだし、サービスもいいし……。みんなでおしゃべりしながら食べるんです。楽しいですよ。

《チャンさん／日本語学校の学生》

いつも学校の近くの弁当屋で弁当を買っています。メニューも多いし、あまり高くないし、それにおかずもごはんも温かいですから。味もまあまあです。日本の食べ物はちょっと甘いですが、もう慣れました。教室で友達と食べます。

《山本元太君／小学 I 年生》

　教室で給食を食べます。みんないっしょに大きい声で「いただきます」と言ってから食べます。先生は「よくかみましょう。嫌いな物も食べましょう。」と言うけど、僕は嫌いなおかずは友達にあげます。給食でカレーがいちばん好きです。

Ⅰ　線でつないでください。

1) 中村	a. レストラン（ I 週間に I 回）	ア. 安い、カロリーがわかる
2) 岡本	b. 教室（給食）	イ. メニューが多い、高くない
3) チャン	c. 社員食堂	ウ. おいしい、静かだ
4) 山本	d. 教室（弁当）	エ. 嫌いなおかずがある

Ⅱ　あなたの国では次の人はどこで昼ごはんを食べますか。

1) 会社員　　2) 主婦　　3) 小学生　　4) 大学生

しゃいんしょくどう　　うち　　がっこで　　だいがくの ちかくに ある
　　　　　　　　　　　　　　おかあさんが　　コンビニや レストランで
　　　　　　　　　　　　　　つく妃たべんとうをたべます　　たべます

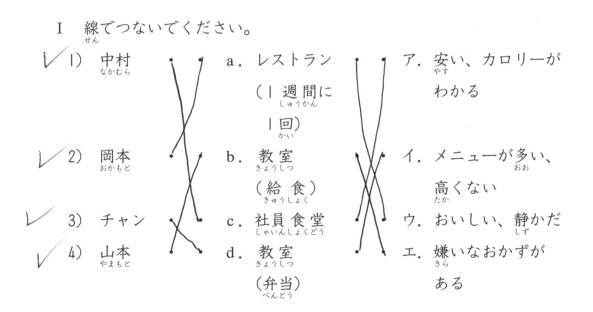

わたしの失敗
しっぱい

わたしは先週友達のうちへ遊びに行きました。
せんしゅうともだち　　　あそ　い

大阪駅で来た電車にすぐ乗りました。
おおさかえき　き　てんしゃ　　　の

友達はうちの近くの駅で待っていると
ともだち　　　ちか　えき　ま

言いました。でも、わたしが乗った電車は
い　　　　　　　　　の　　てんしゃ

その駅を通り過ぎてしまいました。それは
えき　とお　す

特急電車でした。京都までどこにも
とっきゅうでんしゃ　　　きょうと

止まりませんでした。わたしはもう一度
と　　　　　　　　　　　　いちど

大阪へ行く電車に乗りました。友達は
おおさか　い　てんしゃ　の　　　　ともだち

駅で2時間待っていてくれました。うれしかったです。
えき　じかんま

ライトさん

おおさか

きょうと

ミゲルさん

課長のお母さんのお葬式がありました。
かちょう　かあ　　　そうしき

わたしも会社の人といっしょにお葬式に行
かいしゃ　ひと　　　　　　そうしき　い

きました。人がたくさん並んでいました。
ひと　　　　　なら

みんな写真の前で頭を下げて、手で何か
しゃしん　まえ　あたま　さ　　て　なに

口に入れていました。
くち　い

わたしの番になりました。台の上に
ばん　　　　　　だい　うえ

粉がありました。あまりいいにおいでは
こな

ありませんでしたが、日本の習慣だと
にほん　しゅうかん

思って、食べてしまいました。
おも　　　た

まずかったです。あとで友達があれは
ともだち

食べ物じゃないと教えてくれました。
た　もの　　　　　おし

わたしは国で日本のふろ屋について本を
読みました。とてもおもしろいと思いました。
それで日本へ来てすぐふろ屋へ行きました。

ジョンさん

わたしの本には写真があって、棚がたくさん
並んでいる所で、みんな服を脱いでいました。
わたしも棚が並んでいる所で服を脱いで、棚に
服を入れました。それから中に入りました。そこには
もっと大きい棚が並んでいました。わたしは入り口で
服を脱いで、靴を入れる所に服を入れてしまったのです。

Ⓐ

I 1. 正しいものに〇、正しくないものに×を書いてください。

1) （〇）ライトさんは特急電車に乗ってしまった。

2) （〇）ライトさんの友達のうちの近くの駅は特急が止まら
ない。

3) （×）ミゲルさんが食べた粉は食べ物だった。

4) （×）靴を入れる棚は服を入れる棚より大きい。

5) （〇）ジョンさんは靴を脱ぐ所で服を脱いでしまった。

2. 答えてください。

1) ライトさんはどうしてうれしかったのですか。
ともだちが えきで にじかんまっていてくれて うれしかったのです。

2) ミゲルさんはどうして粉を食べてしまいましたか。
にほんのしゅうかんだと おもって、たべてしまいました。

3) ジョンさんはどうして日本へ来てすぐふろ屋へ行きましたか。
にほんのふろやについてほんのよんで、とても おもしろいと おもいました
からです。

II あなたやあなたの友達は日本で何か失敗をしましたか。
どんな失敗でしたか。

わたしは こどもの とき、かぞくと ならへ いきました。そこで
しかが とても こわくて にげてしまいました。

11

日本でいちばん
にほん

　時計がなかったら、不便ですが、たくさんあっても、大変です。

　広島県福山市の赤繁さんのうちには時間を音で知らせる時計が560あります。壁に掛ける時計が310、置き時計が210、そのほかの時計が40です。560の時計が決まった時間になると、鳴るのです。日本でいちばん時計の音がうるさいうちです。

　ほとんど古い時計で、そのままにしておくと、止まってしまいます。毎日ねじを巻かなければなりません。赤繁さんは1日中時計のねじを巻いていますから、右手がいつも痛いと言っています。もし一度に560の時計が全部鳴ったら、耳も痛くなってしまいますね。でも、みんな古い時計ですから、少しずつ違う時間に鳴ります。ですから、赤繁さんの耳は痛くならないのです。

　赤繁さんにちょっと聞きました。

──どうしてそんなにたくさん時計を集めているんですか。

30年まえに骨董屋で見つけた時計を修理してから、時計が好きになりました。壊れた時計を直すと、動きますね。それが楽しいんです。今も古い時計を見ると、買ってしまいます。もう離れの4つの部屋がいっぱいで、押し入れにも積んであります。

──夜はよく寝られますか。時計の音がうるさくないですか。

好きな時計の音ですから、すぐ慣れましたよ。音楽と同じです。

──将来、時計の博物館を作りたいと思っていますか。

今はお金がありませんから…。しばらくこのままにしておきます。

I　正しい答えを選んでください。

　1）　赤繁さんはどうして時計を集めていますか。

　　　①　時計があると、便利だから。

　　　②　時計の修理が好きだから。

　　　③　時計の音を聞きながら寝たいから。

　2）　赤繁さんはどうして手が痛いのですか。

　　　①　時計を直すから。

　　　②　時計のねじを巻いているから。

　　　③　骨董屋からうちまで時計を運ぶから。

　3）　時計が鳴っても、どうして耳が痛くならないのですか。

　　　①　押し入れに入れてあるから。

　　　②　時計の音は音楽だから。

　　　③　鳴る時間が同じではないから。

わたしは てがみを あつめています。とても たいせつな おもいで のしょうめい ですから。

II　1.　あなたも何か集めていますか。

　　　それは何ですか。どうして集めているのですか。

　　2.　おもしろい物を集めている人を知っていますか。

　　　紹介してください。

わたしの ともだちは むらさきのものが だいすきなので へやの ぜんぶが むらさきです。

書き置き

A

お帰りなさい。

冷蔵庫の中にケーキとジュースが

入れてあります。

食べたら、お皿とコップは

洗っておいてね。

5時ごろ帰ります。

B

大阪支店の佐藤さんから電話が

ありました。出張の予定を知らせて

おきました。

会議の資料はメールで送ってあります。

では、お先に失礼します。

C

きのうはほんとうにゴメン。

僕が悪かった。

今晩は早く帰る。

D

掃除しました。机の上はそのままにしてあります。

今晩の食事はカレーです。サラダは冷蔵庫に入れて

あります。

それから3時ごろ荷物が届きました。台所に置いて

あります。

あさっての午後また伺います。

E

絶対にビデオに触らないで。

今晩8時からサッカーの試合が予約

してあるから。

それから今晩は彼女と食事する

から、晩ごはんは要りません。

☆　A～Eはだれがだれに書いた書き置きですか。

1.（B）社員　→　課長

2.（E）息子　→　お母さん

3.（D）家政婦　→　家の人

4.（A）お母さん　→　子ども

5.（C）夫　→　妻

1月1日
がつついたち

きょうは1月1日です。わたしの家族はみんな毎年1月1日にことし
がつついたち　　　　　　　　　　　　かぞく　　　　　まいとし　がつついたち
しようと思うことを発表します。
おも　　　　　はっぴょう

父・虎男（49歳）：ことしはたばこをやめます。去年もたばこをやめ
ちち　とらお　　さい　　　　　　　　　　　　　　　　　　　　　きょねん

ようと思いましたが、やめられませんでした。
おも
ことしはもう50歳になるし、会社でも4月から事
さい　　　　　　　　かいしゃ　　がつ　　じ
務所が禁煙になる予定だし、うちでもみんなたば
むしょ　きんえん　　　よてい
こが嫌いですから、ほんとうにたばこをやめよう
きら
と思います。
おも

母・伸子（43歳）：少し暇になったから、ことしは車の運転を習って
はは　のぶこ　　さい　　すこ　ひま　　　　　　　　　　くるま　うんてん　なら

一人でいろいろな所へ行こうと思っています。
ひとり　　　　　　　ところ　い　　　おも
ちょっと長い旅行もしたいです。そのときは、皆さ
なが　りょこう　　　　　　　　　　　　　　みな
ん、留守番よろしくお願いします。
るすばん　　　　　ねが

わたし・恵（17歳）：わたしはアジアの踊りに興味があります。特にイ
めぐみ　さい　　　　　　　　　　　おど　きょうみ　　　　　　とく
ンドネシアのバリの踊りが好きだから、将来はバ
おど　す　　　　　　しょうらい
リで踊りを研究したいと思っています。それで、
おど　けんきゅう　　　おも
ことしからインドネシア語の勉強を始めようと
ご　べんきょう　はじ
思っています。
おも

弟・龍男（11歳）：ことし5年生になるから、学校のスポーツクラブ

に入れます。僕は野球のクラブに入ろうと思っています。僕は足も速いし、上手に打てるから、すぐ試合に出られると思います。みんな見に来てください。それから去年は宿題をよく忘れたけど、ことしは忘れないつもりです。

Ⅰ　正しいものに○、正しくないものに×を書いてください。

1)　（　　　）お父さんは去年たばこをやめることができませんでした。

2)　（　　　）お母さんは運転を習ったら、家族といっしょに車で旅行しようと思っています。

3)　（　　　）恵さんはことしバリへ踊りの研究に行く予定です。

4)　（　　　）龍男君はことし宿題を必ずやろうと思っています。

Ⅱ　あなたも1年の初めにその年にしようと思うことを考えますか。

1月1日〜3日

あなたは何年生まれ？

　昔、神様が動物たちに言った。「1月1日の朝わたしのうちへ来たら、1番目から12番目のものに大切な仕事をあげよう。」ネコは神様の話がよく聞こえなかったから、ネズミに「いつ？」と聞いた。ネズミは「2日だ。」とうそを言った。

　ウシが最初に神様のうちに着いたが、ウシの背中にはネズミがこっそり乗っていた。ドアが開いたときに、ネズミが飛び降りて、1番になった。そして2番から12番までの動物が決まった。神様が言った。「ことしはネズミの年だ。ネズミの仕事はことし生まれる人たちを守ることだ。来年はウシ年で、ウシの仕事は来年生まれる人たちを守ることだ。毎年順番に仕事をして、12番まで仕事をしたら、またネズミの年になる。」

　このときから毎年ネズミ年、ウシ年などと言う。ネコは遅れたから、仕事がもらえなかった。それでネコ年もないし、ネコはネズミを見ると、追いかける。今も怒っているのだ。

☆　1.　どうしてネコはネズミを追いかけるのですか。

　　2.　ことし生まれた人は何年ですか。

　　3.　イヌ年の人はことし、何歳になりますか。

～年 どし	生まれた年 う　　とし				
ネズミ	1948	1960	1972	1984	1996
ウシ	1949	1961	1973	1985	1997
トラ	1950	1962	1974	1986	1998
ウサギ	1951	1963	1975	1987	1999
タツ	1952	1964	1976	1988	2000
ヘビ	1953	1965	1977	1989	2001
ウマ	1954	1966	1978	1990	2002
ヒツジ	1955	1967	1979	1991	2003
サル	1956	1968	1980	1992	2004
トリ	1957	1969	1981	1993	2005
イヌ	1958	1970	1982	1994	2006
イノシシ	1959	1971	1983	1995	2007

20世紀の予想
せいき　　よそう

　20世紀から21世紀へ——わたしたちは新しい世紀を迎えました。21世
せいき　　せいき　　　　　　　　　　あたら　せいき むか　　　　　　　　せい
紀はどんな世紀になるでしょうか。
き　　　　　　せいき

　実は100年まえの1901年1月2日と3日の報知新聞で、「20世紀はこう
じつ　ねん　　　　ねん　がつふつか　みっか　ほうちしんぶん　　　せいき
なる」と予想した人がいました。100年まえの人が考えた20世紀の予想を
よそう　ひと　　　　　　　　ねん　　　ひと　かんが　せいき　よそう
ちょっと紹介します。
しょうかい

予想1　20世紀には、東京でヨーロッパのニュースを電気を使った
よそう　　せいき　　　とうきょう　　　　　　　　　　てんき つか
　　　　カラー写真ですぐ知ることができるでしょう。
　　　　　しゃしん　　　し

予想2　電気で走る葉巻型の列車で東京から神戸まで2時間半で行
よそう　てんき はし はまきがた れっしゃ とうきょう　こうべ　　じかんはん い
　　　　けるでしょう。

予想3　新しい機械で部屋の温度が調節できるでしょう。
よそう　あたら　きかい へや おんど ちょうせつ

予想4　「写真電話」で遠い所にある店の品物を見て、買うことができ
よそう　しゃしんでんわ　とお ところ　みせ しなもの み　か
　　　　るでしょう。

予想5　「動物語」の研究が進んで、犬や猫と話ができるでしょう。
よそう　どうぶつご けんきゅう すす　いね ねこ はなし

予想6　病気はほとんど手術で治るでしょう。電気の針で体の悪い
よそう　びょうき　　　　しゅじゅつ なお　　　てんき はり からだ わる
　　　　所に薬を入れますから、薬を飲まなくてもいいです。
　　　　ところ くすり い　　　　　　くすり の

予想7　運動と手術で日本人の背は180センチぐらいになるかもしれ
よそう　うんどう しゅじゅつ にほんじん せ
　　　　ません。

　ほかに「自動車が安くなって、だれでも買うことができる」「電気の力
じどうしゃ やす　　　　　　　　か　　　　　　　てんき ちから
で野菜が大きくなる」「アフリカの動物が全部死んでしまう」「1週間で
やさい おお　　　　　　　　　どうぶつ ぜんぶ し　　　　　しゅうかん

世界旅行ができる」など23の予想が書いてありました。

　　100年まえの人が考えた20世紀は終わりました。100年後の2101年、世界はどうなっているでしょうか。

Ⅰ　予想1〜予想4は今の何だと思いますか。

　　1)　予想1（　　　　　　　　　　　　　　　　　　　　　　　　）

　　2)　予想2（　　　　　　　　　　　　　　　　　　　　　　　　）

　　3)　予想3（　　　　　　　　　　　　　　　　　　　　　　　　）

　　4)　予想4（　　　　　　　　　　　　　　　　　　　　　　　　）

Ⅱ　21世紀を予想しましょう。

20世紀はこんな世紀
せいき　　　　　　せいき

◎科学技術の世紀
　かがくぎじゅつ　せいき

ラジオ放送（　①　年）
　　　ほうそう　　　ねん

飛行機（　②　年）
ひこうき　　　　ねん

テレビ放送（1928年）
　　　ほうそう　　　ねん

コンピューター（1946年）
　　　　　　　　　　ねん

普通の人が買える
ふつう ひと か

安い自動車（　③　年）
やす　じどうしゃ　　　ねん

（1999年本間昇編・著「くらべてみよう100年前と⑤世界のすがた」岩崎書店より）

☆　①、②、③は何年ですか。　a.1903　　b.1908　　c.1920
　　　　　　　　なんねん

◎宇宙の世紀
　うちゅう　せいき

宇宙船「（　④　）11号」（1969年）
うちゅうせん　　　　　　ごう　　　　ねん

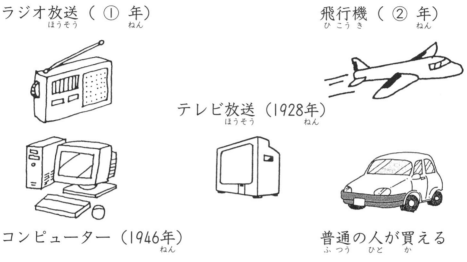

宇宙飛行士ガガーリンが
うちゅうひこうし

宇宙へ（1961年）
うちゅう　　　ねん

国際宇宙ステーション
こくさい うちゅう

（1998年～）
　　　ねん

☆　④の宇宙船の名前は？
　　　うちゅうせん　なまえ

◎人口問題の世紀
じんこうもんだい　せいき

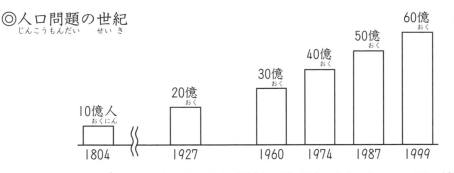

（United Nations Population Division, World Population Prospects：The 1998 Revision）

☆　どうして人口が多くなりましたか。
　　　　　じんこう　おお

☆　人口が多くなって、今、世界でどんな問題がありますか。
　　じんこう　おお　　　いま　せかい　　　　　もんだい

◎アジア・アフリカ独立の世紀
どくりつ　せいき

独立国はいくつ？
どくりつこく

	1900年1)ねん	1999年2)ねん
アジア	（ ⑤ ）	38
アフリカ	（ ⑥ ）	53

☆　答えを選んでくださ
　　こた　えら
い。

⑤　（ 9、15、19）

⑥　（ 2、16、23）

1)…1999年本間昇編・著「くらべてみよう100年前と⑤世界のすがた」岩崎書店より
2)…2000年古今書院地理統計編集部「世界と日本の地理統計2000年版」古今書院より

◎戦争の世紀
せんそう　せいき

1914～1918　第一次世界大戦
　　　　　　だいいちじせかいたいせん

1939～1945　第二次世界大戦
　　　　　　だいにじせかいたいせん

　　　　　　アメリカが（ ⑦ ）と（ ⑧ ）に原子爆弾を落とした
　　　　　　　　　　　　　　　　　　　　げんしばくだん　お

1950～1963　朝鮮戦争
　　　　　　ちょうせんせんそう

1965～1975　ベトナム戦争
　　　　　　せんそう

1980～1988　イラン・イラク戦争
　　　　　　　　　　せんそう

1991　　　　湾岸戦争
　　　　　　わんがんせんそう

☆　⑦と⑧は日本のどこですか。
　　　　　　にほん

大声大会
おおごえたいかい

　12月になると、いろいろな所で大声大会があります。大きい声で何か叫んで、1年の嫌なことを忘れるのです。

　ある日東京で大声大会がありました。テーマは「あの人に言いたい」でした。参加した人のほとんどは「税金を下げろ！」とか「首相はやめろ！」とか叫びましたが、横浜市のある女の人は「台湾ガンバレ！」と叫びました。この声が大会でいちばん大きい声でした。彼女は今、台湾で働いています。大きい地震があった台湾に「元気を出して」と言いたかったのです。

　ほかに「山本！貸した金返せ！」「給料を上げろ！」「良子、結婚してくれ！」「松阪君、好きー！」「あしたは雨降るなー！サッカーの試合なのだー！」「社長！下手な英語を使うなー！」「幸子、かんにーん！」などもありました。「かんにん」は大阪弁で「すみません」という意味です。たぶんこの人は何か奥さんに言えないことをしたのでしょう。

　毎日の生活では大声で叫ぶチャンスはありません。1年に一度は大声で叫んで、1年のストレスを全部出してしまいましょう。

Ⅰ　1.　正しいものを選んでください。

　　　1)　東京の大声大会で1番になった人のことばはどれですか。

　　　　①税金を下げろ　　②首相はやめろ　　③台湾ガンバレ

　　　2)　「山本！貸した金返せ！」はだれがだれに言ったことばですか。

　　　　①友達→山本君　　②山本君→友達　　③銀行→山本君

　　　3)　東京の大声大会で叫んだ人はどの人ですか。

　　　　①台湾の人　　②下手な英語を使う社長　　③大阪弁の男の人

　　2.　大声大会に参加したら、どんないいことがありますか。正しい

　　　　ものに○、正しくないものに×を書いてください。

　　1)　（　　　）嫌なことが忘れられる。

　　2)　（　　　）ストレスを出してしまうことができる。

　　3)　（　　　）給料が上がって、税金が下がる。

Ⅱ　もしあなたが大声大会に参加したら、どんなことを叫びますか。

おもしろい大会があります。あなたも参加しませんか。

ソバ食い大会（長野）　　　　　　痛いの我慢大会（千葉県銚子）

力餅比べ（京都醍醐寺）　　　　　梅種飛ばし大会（福島県会津）

大綱引き・さくらんぼ種吹き飛ばし大会（山形）

長靴飛ばし大会（北海道釧路）　　日本語スピーチ大会?!

こんな人にこのことば

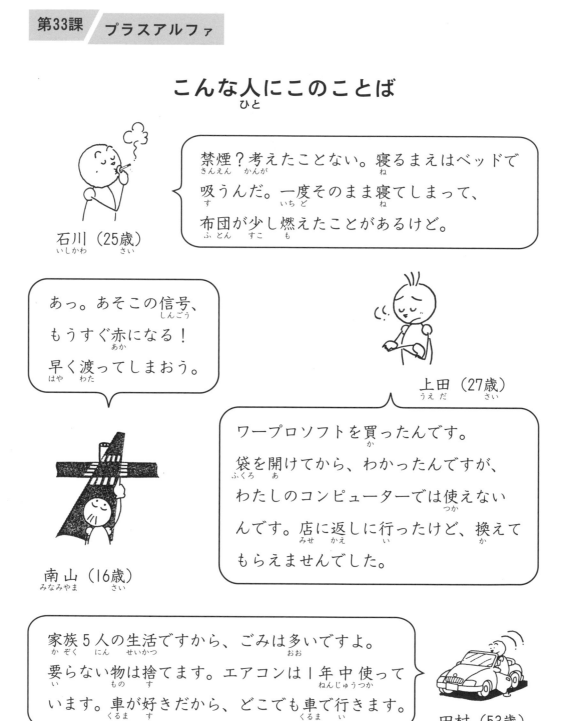

禁煙？考えたことない。寝るまえはベッドで吸うんだ。一度そのまま寝てしまって、布団が少し燃えたことがあるけど。

石川（25歳）

あっ。あそこの信号、もうすぐ赤になる！早く渡ってしまおう。

上田（27歳）

ワープロソフトを買ったんです。袋を開けてから、わかったんですが、わたしのコンピューターでは使えないんです。店に返しに行ったけど、換えてもらえませんでした。

南山（16歳）

家族5人の生活ですから、ごみは多いですよ。要らない物は捨てます。エアコンは1年中使っています。車が好きだから、どこでも車で行きます。

田村（53歳）

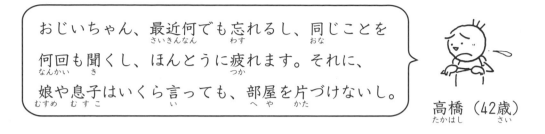

おじいちゃん、最近何でも忘れるし、同じことを
何回も聞くし、ほんとうに疲れます。それに、
娘や息子はいくら言っても、部屋を片づけないし。

高橋（42歳）

＊＊＊＊＊＊＊＊＊＊＊＊＊＊＊＊＊＊＊＊＊＊＊＊＊

A．守れ、緑の地球！

B．よく見て！
　　聞いて！
　　確かめて！

C．気をつけろ！
　　初めはみんな
　　小さい火

D．子ども、しかるな、
　　来た道だから
　　年寄り、笑うな、
　　行く道だから

E．注意１秒、
　　けが一生

☆　どの人に A～E のことばを教えてあげたらいいですか。

27

あなたの国では？
くに

　日本ではあいさつするとき、頭を下げます。
にほん　　　　　　　　　　　　　　　　あたま　さ
握手をしたり体に触ったりするあいさつは
あくしゅ　　　からだ　さわ
ありません。また、日本人は「わたし」
　　　　　　　　　　にほんじん
というとき、人差し指で自分の鼻を指します。
　　　　　　ひとさ　ゆび　じぶん　はな　さ

　　　　　　　手を使うジェスチャーはいろいろあります。人の前や
　　　　　　　て　つか　　　　　　　　　　　　　　　　　　　　　ひと　まえ
間を歩くとき、手を立てて上げたり下げたりします。
あいだ　ある　　　　て　た　　　あ　　　　　さ
これは「ちょっとすみません」という意味です。
　　　　　　　　　　　　　　　　　いみ

　　　　また、手を顔の前で横に何回も振ります。これは
　　　　　　て　かお　まえ　よこ　なんかい　ふ
「さようなら」のジェスチャーではありません。

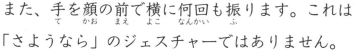
　　　　「わかりません」「できません」などの意味です。
　　　　　　　　　　　　　　　　　　　　　いみ

　　　　人を呼ぶとき、日本人は手のひらを下に向けて振ります。
　　　　ひと　よ　　　　にほんじん　て　　　　　した　む　　ふ

　また、日本人は口の前に人差し指を立てて
　　　にほんじん　くち　まえ　ひとさ　ゆび　た
「シーッ」と言います。これは「話すな！」
　　　　　　い　　　　　　　　　はな
という意味です。みんなの前で話すときは、
　　　いみ　　　　　　　　　まえ　はな
ポケットに手を入れて話してはいけません。
　　　　　て　い　　　はな
また、日本人は相手の目をあまり見ないで
　　　にほんじん　あいて　め　　　　　み
話します。じっと見ると失礼なのです。
はな　　　　　　　　み　　　しつれい

　このほかに笑うとき、手で口を隠す女の人
　　　　　　わら　　　　て　くち　かく　おんな　ひと
がいます。昔、女の人はほかの人に歯を
　　　　むかし　おんな　ひと　　　　　ひと　は
見せてはいけませんでした。それで今も
み　　　　　　　　　　　　　　　　いま
その習慣のとおりにしているのです。
　　しゅうかん

日本では小さい子どもに「いい子だね。」
と言うとき、頭に触ります。しかし、タイなどの
東南アジアの国では頭に触ってはいけません。
旅行のガイドブックにはタイへ行ったら、
人の頭に触るなと書いてあります。
　世界にはいろいろなジェスチャーがあります。

Ⅰ　1)〜3) のとき、日本人はどんなジェスチャーをしますか。

　　a〜c から選んでください。

1)　（　　　）パーティーで、知っている人を見つけました。たくさんの

　　　　　　人の間を歩いて行かなければなりません。

2)　（　　　）公園で男の子が遊んでいます。友達に「こっちへ来て！」

　　　　　　と言いました。

3)　（　　　）町で外国人が日本人に道を聞きました。その日本人は「英

　　　　　　語、わからない！」と言いました。

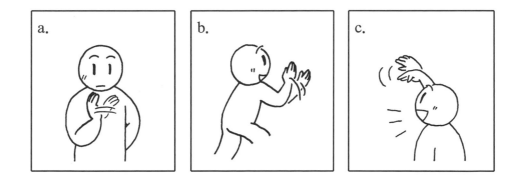

Ⅱ　あなたの国のジェスチャーを紹介してください。

自動販売機
じ どうはんばい き

　日本にはいろいろな自動販売機がある。自動販売機の中で飲み物の販売機がいちばん多くて、265万台ある。冷たい飲み物や温かい飲み物を売っている。冷たい飲み物を買うとき、氷が要らなければ、「氷なし」のボタンを押す。コーヒーの自動販売機は砂糖やミルクをボタンで調節できる。甘いのが好きなら、砂糖を増やすボタンを押せばいい。

　2番目はサービスをする自動販売機で、123万台ある。これは両替や銀行のＡＴＭや駐車場のメーターなどの機械だ。3番目はたばこの販売機で、53万台、4番目が食べ物の販売機で、17万台ある。そして切符の販売機が4万台、ほかにいろいろな自動販売機があって、全部で554万台になる。

　自動販売機は1日中動いているから、いつでも買い物できる。便利だが、問題もある。電気をたくさん使うし、紙コップは1回使ったら、捨ててしまうから、むだだ。日本では20歳にならなければ、たばこは吸えない。でも、夜は人がいないから、自動販売機なら、子どももたばこが買える。それで、夜11時から朝5時までたばこの販売機は止めてある。

　また、最近、知らない人と話したくないと思う若い人が多くなっている。自動販売機が増えれば増えるほど、人と話す機会が少なくなる。機械は便利だが、問題も多い。

I １．　次の①〜⑥に正しいことばか数字を書いてください。

自動販売機	万台
①	265
サービス	②
③	53
食べ物	④
⑤	4
その他	⑥
合　計	554

（2000年『ダ・カーポ449 7/19』マガジンハウス）

２．　何番のボタンを押せばいいですか。

1)　熱くて甘いコーヒーを

買いたいです。

2)　冷たいコーヒーを飲みたい

ですが、氷は要りません。

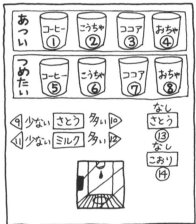

３．　答えてください。

1)　たばこの自動販売機はどうして夜止めますか。

2)　自動販売機が増えると、どうなりますか。

II １．　自動販売機のいい点と悪い点を考えてください。

２．　あなたの国にどんな自動販売機がありますか。

アイデア自動販売機
じどうはんばいき

自動販売機は便利ですが、電気や紙コップなどをたくさん使います。それで、こんな販売機もあります。

《マイコップの自動販売機》

ドイツのフライブルク大学には、自分のコップ（マイコップ）を使うことができる飲み物の自動販売機があります。

コーヒー、紅茶などが「コップあり」なら120円、「コップなし（マイコップ）」なら80円です。「コップあり」でも、コップを返せば30円戻ります。

SUN太くん

《ソーラー自動販売機》

東北の機械の会社が太陽電池で動く自動販売機を作りました。昼、太陽があるときに電池に電気をためて、夜も使うことができます。

晴れている時間が長ければ長いほど、たくさん電気ができます。

（協力：㈱トータルシステム）

《水の自動販売機》

　昔、日本はおいしい水がたくさんありました。でも今は少なくなりました。今はおいしい水が欲しければ、買わなければなりません。それで、スーパーではペットボトルに入った水を売っています。

　京都ではおいしい水を自動販売機で売っています。自分で入れ物を持って行って買いますから、安いです。

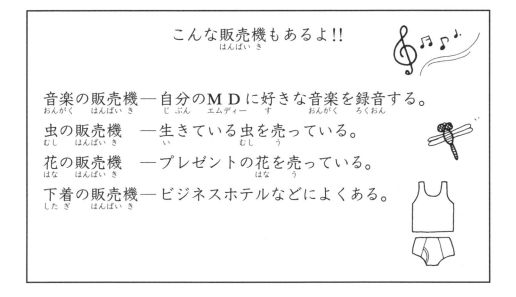

こんな販売機もあるよ!!

音楽の販売機―自分のＭＤに好きな音楽を録音する。

虫の販売機　―生きている虫を売っている。

花の販売機　―プレゼントの花を売っている。

下着の販売機―ビジネスホテルなどによくある。

☆　あなたはどんな販売機があれば便利だと思いますか。

動物の目
どうぶつ　め

　皆さんは動物園へ行ったことがあるでしょう？　短い足や大きい耳、長い鼻など、見れば見るほど動物の体の形はおもしろいですね。目の形や位置もいろいろです。どうしてウマの目は顔の横にあるのですか。ライオンの目は2つ並んでいるのですか。皆さんは考えたことがありますか。

　ライオンはほかの動物の肉を食べます。その目は遠くに動物がいても、すぐ走って行って捕まえられるように、顔の前に2つ並んでいます。2つ並んでいなければ、正しい距離がわかりません。

　サルの目も顔の前に並んでいます。サルは木から木へ跳ぶとき、失敗しないように、よく前を見なければなりません。

　ヒトの目も同じです。ヒトは2本の足で歩けるようになって、手が使えるようになりました。それで、手で難しい仕事ができます。でも、もし目が顔の横にあったら、無理でしょう。

ライオン

ウマ

（武市加代・絵「どうぶつの目」アリス館より）

　草や木の葉を食べる動物の目はどうですか。ヒツジやウマはライオンなどにいつも気をつけていなければなりません。ですから、草を食べていても、うしろの方まで見えるように、目が顔の横に付いています。

　　カバは水の中にいますが、頭の上に目がありますから、目だけ水から
出して周りを見ることができます。

　　動物の目は食べる物や住んでいる所によって違うのです。

　　今度動物園へ行ったら、動物の目をよく見てください。おもしろいこ
とが見つかるかもしれませんよ。

（参考図書：わしおとしこ「どうぶつの目」アリス館）

Ⅰ　1.　　正しいものに〇、正しくないものに×を書いてください。

　　　1)（　　　）ライオンの目はうしろの方まで見えます。

　　　2)（　　　）サルは目が顔の前に2つ並んでいますから、正しい

　　　　　　　　　距離がわかります。

　　　3)（　　　）ウマはうしろからライオンが来ても見えますから、

　　　　　　　　　逃げることができます。

　　　4)（　　　）カバの目は、水から目だけ出して周りを見られるよ

　　　　　　　　　うに、頭の上にあります。

　　　2.　　下の動物は①ライオン②ウマ③カバのどのグループですか。

　　　　　　①（　　　　　　）②（　　　　　　）③（　　　　　　）

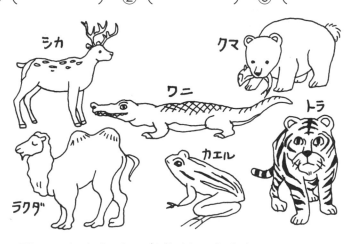

Ⅱ　あなたの国に、おもしろい動物がいますか。

55年かかってゴールインした日本人選手
ねん　　　　　　　　　　　　　　　　　　　に ほんじんせんしゅ

　日本は1912年の第5回ストックホルム大会からオリンピックに参加し
にほん　　ねん　だい かい　　　　　　　　　　　たいかい　　　　　　　　　　　　　さんか
た。日本ではまだオリンピックはほとんど知られていなかった。選手を
にほん　　　　　　　　　　　　　　　　　　　　　　し　　　　　　　　　　　せんしゅ
決めるマラソン大会が開かれて、20歳の学生が2時間32分45秒の記録で
き　　　　　　　たいかい　ひら　　　　　さい　がくせい　　じかん　ふん　びょう　きろく
勝った。これはそのときの世界記録より27分速かった。学生の名前は
か　　　　　　　　　　　　　　　せかい きろく　　　　ふんはや　　　　　がくせい　なまえ
金栗四三。
かなぐりしぞう

　金栗はオリンピック選手に選ばれた。ストックホルムへ行くお金がな
かなぐり　　　　　　　　　せんしゅ　えら　　　　　　　　　　　　　　い　　　かね
かったが、兄や友達がお金を集めてくれた。それでやっとオリンピック
あに　ともだち　かね　あつ
に参加することができた。金栗はもしかしたら1番になるかもしれない
さんか　　　　　　　　　　　かなぐり　　　　　　　　　ばん
と思われていた。しかし、マラソンが行われた7月14日はとても暑い
おも　　　　　　　　　　　　　　　　　おこな　　　　がつじゅうよっか　　　　　　あつ
日だった。金栗は走っていてだんだん気分が悪くなった。
ひ　　　　　かなぐり　はし　　　　　　　　　きぶん　わる

　　　　　　　　　水を飲んだり、頭から水を浴びたり
　　　　　　　　　みず　の　　　　あたま　みず　あ
　　　　　　　　　したが、32kmの所で倒れてしまっ
　　　　　　　　　　　　　　　　ところ　たお
　　　　　　　　　た。近くに住んでいた親切な人に助
　　　　　　　　　　　ちか　す　　　　　　しんせつ　ひと　たす
　　　　　　　　　けられて、その人のうちに泊まっ
　　　　　　　　　　　　　　　ひと　　　　　　と
　　　　　　　　　た。そして次の日、元気になって、
　　　　　　　　　　　　　つぎ　ひ　げんき
　　　　　　　　　日本の選手がいるホテルへ帰った。
　　　　　　　　　にほん　せんしゅ　　　　　　　かえ

　「消えた日本人」はスウェーデンの
き　　　に ほんじん
ニュースになっていた。一生懸命
いっしょうけんめい
捜していた人はみんな金栗を見た
さが　　　ひと　　　　　かなぐり　み
とき、とても喜んでくれた。しかし、
よろこ
金栗は恥ずかしかった。
かなぐり　は

　　1967年、75歳の金栗は招待されてストックホルムへ

行った。競技場でたくさんの人に迎えられた金栗は

みんなの前をゆっくり走って、ゴールインした。競技場に

アナウンスがあった。「ミスター・カナグリ、ニッポン。

ゴールイン。時間は55年…。これでストックホルム大会は

全部の競技を終わりました。」金栗は言った。「長い試合でした。

始まってからゴールインまでに孫が5人できましたよ。」

　　（参考図書：1999年企画・編集クロスロード「オリンピックおもしろ大百科」日之出出版）

Ⅰ　1.　正しいものに〇、正しくないものに×を書いてください。

　　1）（　　　）1912年ごろ日本ではオリンピックはとても人気が

　　　　　あった。

　　2）（　　　）第5回大会のまえは金栗の記録が世界でいちばん速

　　　　　かった。

　　3）（　　　）金栗は自分のお金でオリンピックに参加した。

　　4）（　　　）オリンピックのまえに、金栗は必ずマラソンで勝つ

　　　　　と言われていた。

　　2.　ゴールインした金栗さんに聞きました。正しい答えを選んでく

　　　　ださい。

　　1）　ゴールインおめでとうございます。今、どんな気持ちですか。

　　　　　[①ストックホルム大会　②東京のマラソン大会]のこと

　　　　　をいろいろ思い出しています。あのときはゴールインでき

　　　　　ませんでした。

2) どうして走れなくなったんですか。

　　[①走るまえに水を飲んだから

　　②とても暑い日だったから]

　　体の調子が悪くなって、

　　倒れてしまいました。

3) それで、どうしたんですか。

　　　[①日本人　②近くのスウェーデン人

　　　③オリンピック選手]

　　に助けられて、次の日、ホテルへ帰りました。

　　みんな、わたしを捜していました。

4) ホテルへ帰ったとき、みんなは何か言いましたか。

　　[①「どうして走れなかったんだ。」

　　②「ほんとうによかった。」]

　　と言いました。

5) それで金栗さんはどう思いましたか。

　　　[①みんなが喜んでくれたから、よかった

　　　②ゴールインできなかったから、恥ずかしい]

　　と思いました。

Ⅱ　オリンピックについて何か思い出がありますか。

オリンピックの歴史(れきし)

BC776　古代(こだい)オリンピックがアテネの近(ちか)くで初(はじ)めて行(おこな)われた。

　　　　戦争(せんそう)のときも中止(ちゅうし)されないで、続(つづ)けられた。

　393　古代(こだい)オリンピックが終(お)わった。

　　　　・・・・・・・・・・・・・・・・・・・・・

　1881　古代(こだい)オリンピックの競技場(きょうぎじょう)が発見(はっけん)された。

　　　　フランスのクーベルタンが新(あたら)しいオリンピックを開(ひら)こうと

　　　　呼(よ)びかけた。

　1896　アテネで第(だい)1回(かい)のオリンピックが開(ひら)かれた。

　　　　競技(きょうぎ)は9(ここの)つ、参加(さんか)した国(くに)は13、参加選手(さんかせんしゅ)は280人(にん)だった。

　1996　近代(きんだい)オリンピックが始(はじ)まって100年目(ねんめ)の大会(たいかい)がアトランタ

　　　　で行(おこな)われた。

　　　　競技(きょうぎ)は26、参加(さんか)した国(くに)は197、参加選手(さんかせんしゅ)は10,749人(にん)になっ

　　　　た。

　2000　シドニーオリンピックが開(ひら)かれた。

　　　　競技(きょうぎ)は28、参加(さんか)した国(くに)は200、参加選手(さんかせんしゅ)は11,000人(にん)。

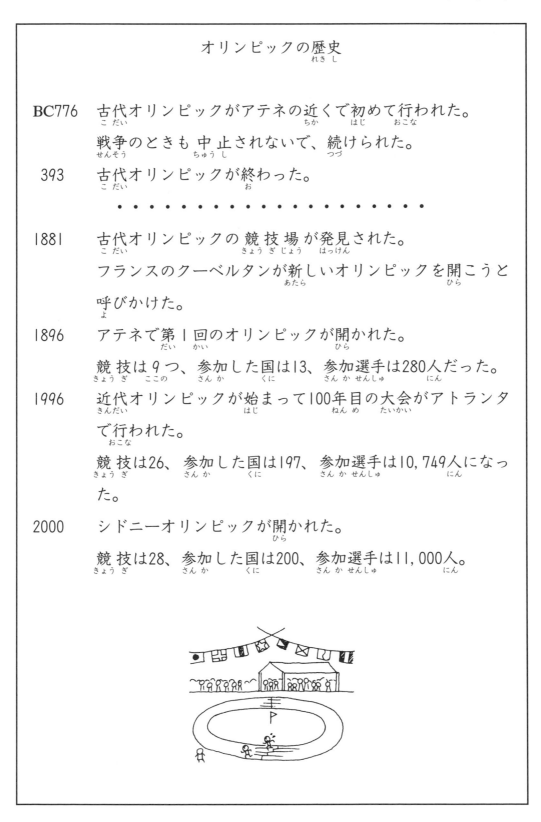

消したいもの
け

「あなたがいちばん消したいものは何ですか。」
け　　　　　　なん

鉛筆や消しゴムを作っている会社が日本人1,000人にアンケートをした。
えんぴつ け　　つく　　　　　かいしゃ にほんじん　にん

いろいろな答えがあった。
こた

　いちばん多いのは男の人も女の人も今までにした恥ずかしいことだっ
おお　　おとこ ひと おんな ひと いま　　　　は

た。恥ずかしいことを消したいと思う人は100人以上いた。恥ずかしい
は　　　　　　　　け　　　おも ひと　　にんいじょう　　　は

ことの中には、「授業中寝てしまって、寝言を言って、みんなに笑われ
なか　　　　じゅぎょうちゅうね　　　　　ねごと い　　　　　　　わら

た。」「学校の大切な式で司会をしたとき、ズボンのチャックが開いてい
がっこう たいせつ しき しかい　　　　　　　　　　　　　　あ

た。」「雨の日に道を歩いていて、マンホールに落ちてしまった。たくさ
あめ ひ みち ある　　　　　　　　　　　　　お

んの人が見ていた。」など、若い人の例が多い。年を取ると、恥ずかしい
ひと み　　　　　　わか ひと れい おお　とし と　　　　は

ことがたくさんあって、きっと思い出すのが大変なのだ。
おも だ　　　　たいへん

　男の人が消したいもので2番目に多いのが銀行や人から借りたお金、
おとこ ひと け　　　　ばんめ おお　　ぎんこう ひと か　　　かね

3番目が悪い政治家だった。女の人の答えで2番目に消したいのは顔に
ばんめ わる せいじか　　　おんな ひと こた　ばんめ け　　　　かお

あるにきびやしみなどで、3番目は体の脂肪だった。学校に通っている
ばんめ からだ しぼう　　　　がっこう かよ

子どもたちがいちばん消したいのは学校の成績、次に入学試験、3番目
こ　　　　　　　　　　け　　　　がっこう せいせき つぎ にゅうがくしけん ばんめ

が恥ずかしいことだった。
は

　ほかに「今までの人生」「病気」「年」「失恋」などの答えもかなりあっ
いま　　じんせい びょうき とし しつれん　　こた

た。また、「禁煙の約束」「主人のゴルフの予定」「結婚の約束をした恋人」
きんえん やくそく しゅじん　　　　よてい けっこん やくそく こいびと

「嫌いな課長の髪」など、おもしろい答えもいろいろあった。
きら かちょう かみ　　　　　　こた

　何でも消せる消しゴムを発明したら、きっとたくさん売れるだろう。
なん け け　　　　はつめい　　　　　　　　　う

でも、気をつけたほうがいい。「嫌いな人」を消したいと思っている人も
き　　　　　　　　きら ひと け　　　おも　　　ひと

いる。

（協力：三菱鉛筆㈱）

Ⅰ　1.　①〜⑤にことばを書いてください。

消したいもの	1番	2番	3番
男の人	①	借りたお金	②
女の人	③	④	体の脂肪
子ども	成績	⑤	恥ずかしいこと

2.　正しいものに〇、正しくないものに×を書いてください。

1)　（　　　）男の人はお金は要らないと思っている。

2)　（　　　）きれいになりたいと思っている女の人が多い。

3)　（　　　）子どもはみんな学校の勉強が好きで、成績もいい。

4)　（　　　）アンケートをした会社は何でも消せる消しゴムを売る予定だ。

Ⅱ　1.　あなたがいちばん消したいものは何ですか。

2.　友達は何を消したいと思っていますか。聞きましょう。

41

迷惑なことは？
めいわく

駅や電車の中で迷惑なことは何ですか。16の鉄道会社が1,553人の人
えき てんしゃ なか めいわく なん てつどうがいしゃ にん ひと
に聞いて、調べました。
き しら

1. 携帯電話の音や電話で話す声がうるさい	25.9%
けいたいでんわ おと でんわ はな こえ	
2. 座り方が悪い	8.9%
すわ かた わる	
3. 大きい荷物が迷惑だ	7.5%
おお にもつ めいわく	
4. 禁煙の場所でたばこを吸う	6.6%
きんえん ばしょ す	
5. つばを吐いたり、ガムを捨てたりする	6.3%
は す	
6. 電車の床に座る	6.1%
てんしゃ ゆか すわ	
7. 電車の中で大きい声で話したり、騒いだりする	4.8%
てんしゃ なか おお こえ はな さわ	
8. 乗るとき、降りるときのマナーが悪い	4.5%
の お わる	
9. 電車の中で化粧をする	1.8%
てんしゃ なか けしょう	
10. ヘッドホンの音が聞こえる	1.4%
おと き	

（1999年日本民営鉄道協会）

☆ あなたが駅や電車で迷惑だと思うのは何ですか。
えき てんしゃ めいわく おも なん
友達にも聞きましょう。
ともだち き

なぞなぞ

1. 切っても、切っても、
   切れないのは？

2. 生まれると、みんながもらうもの。
   自分のものだけど、ほかの人がよく使うのは？

3. 作った人は教えない、
   持っている人はわからない、
   知っている人は欲しくないのは？

4. 長生きすると、多くなる
   多くなるけど、欲しくないのは？

5. 眠くなると、会いに来て
   起きると、いない
   見たくても、なかなか見られないのは？

☆　１〜５は？のどれですか。

（１、２、３…参考図書：1984年柴田武他「世界なぞなぞ大事典」大修館）

タイタニック

　タイタニックは船の名前です。1911年にイギリスで造られました。そのころ造られた船の中ではいちばん大きくて、すばらしくて、絶対に沈まない船だと言われました。

　1912年4月10日昼12時にイギリスのサザンプトンを出て、ニューヨークに向かいました。5日目の4月14日23時45分、タイタニックは氷山にぶつかりました。初めはだれも船が沈むとは思いませんでした。そして船が沈むのを知ったとき、船の上でいろいろなドラマが生まれました。

　船には十分なボートがなかったので、まず女の人と子どもが乗りました。ある女の人は夫と別々になりたくなかったので、ボートに乗りませんでした。ある男の人は早くボートに乗りたくて、けんかをしました。乗れない人はお祈りをして、最後の時を待ちました。楽団の人は最後まで弾くのをやめませんでした。

　2時間ぐらいあとで、近くにいた船が助けに来ました。タイタニック

には2,212人の人が乗っていましたが、助けられたのは705人だけでした。その中に日本人の男の人が1人いました。1,507人の人と船は北の冷たい海の底に沈みました。

　助けられた人の中には、事故のショックでその後病気になったり、離婚したり、自殺したりした人が少なくなかったと言われています。

　1985年9月、タイタニックはロバート・D・バラードのグループによって3,800メートルの海の底に沈んでいるのが発見されました。しかし、彼らはタイタニックを引き上げないでそのままにしておきました。タイタニックは今も静かな海の底にあります。

（参考図書：1998年ダニエル・アラン・バトラー著大地舜訳「不沈」実業之日本社）

I　質問に答えてください。
　1)　タイタニックはどうして沈みましたか。
　2)　楽団の人はどうしましたか。
　3)　1人だけ乗っていた日本人はどうなりましたか。
　4)　どうして705人しか助けられませんでしたか。
　5)　今タイタニックはどこにありますか。

II　1.　船が沈むのを知ったとき、ほかにどんなドラマがあったと思いますか。

　　2.　あなただったら、最後の時にどうすると思いますか。

タイタニック資料
しりょう

長さ なが	269.0メートル
幅 はば	26.2メートル
高さ たか	53.3メートル
重さ おも	46,329トン
最高速度 さいこうそくど	22.5ノット

乗っていた人　　　2,212人
の　　　ひと　　　　　　にん

　　　　　（1,320人　お客さん）
　　　　　　　にん　　　きゃく

　　　　　（　892人　船で働いていた人）
　　　　　　　にん　　ふね　はたら　　　　ひと

助けられた人　　　705人　乗っていた人の　　　32%
たす　　　　ひと　　　　にん　の　　　　　　ひと

　　　　　　　　　　　　　（一等のお客さんの　　62%）
　　　　　　　　　　　　　　いっとう　きゃく

　　　　　　　　　　　　　（二等のお客さんの　　37%）
　　　　　　　　　　　　　　にとう　　きゃく

　　　　　　　　　　　　　（三等のお客さんの　　24%）
　　　　　　　　　　　　　　さんとう　きゃく

　　　　　　　　　　　　　（船で働いていた人の　23%）
　　　　　　　　　　　　　　ふね　はたら　　　　ひと

助けられた男の人　　乗っていた男の人の　20%
たす　　　　おとこ　ひと　　の　　　　　おとこ　ひと

助けられた女の人　　乗っていた女の人の　74%
たす　　　　おんな　ひと　　の　　　　　おんな　ひと

（参考図書：1998年ダニエル・アラン・バトラー著大地舜訳「不沈」実業之日本社）

46

第39課　プラスアルファ

あの映画を見ましたか

「ローマの休日」は楽しい映画でしたね。王女様が一人でローマの町に出て、新聞記者といろいろな経験をするお話です。この映画を見たとき、わたしはまだローマへ行ったことがなかったので、王女様といっしょにローマの町を見て、（a）。王女様がとてもきれいで、（b）。

「タイタニック」はすごい映画でしたね。船からボートで海に降りるとき、失敗するかもしれないと思って、（c）。

「Shall we ダンス？」を見ましたか。中年のサラリーマンが毎日の生活がつまらなくなって、ダンスを始めたんです。どう変わるか楽しみにして見ていましたが、何も変わらなかったので、ちょっと（d）。

「シラノ・ド・ベルジュラック」を見て、（e）。ある女の人が好きだけど、自分がハンサムじゃないので、言えないんです。好きだったら、言ったほうがいいと思います。

☆　（　　）の中に下のことばを入れてください。

①はらはら　②うっとり　③がっかり　④わくわく　⑤いらいら
　しました　　しました　　しました　　しました　　しました

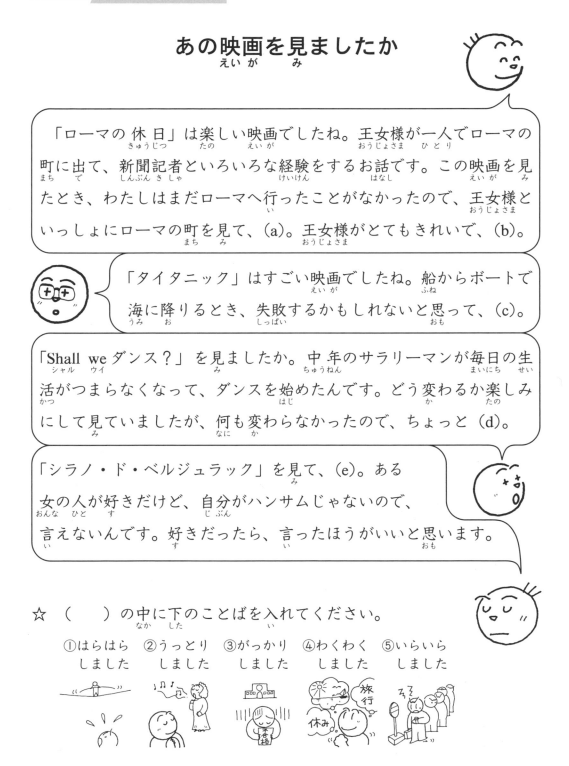

常識
じょうしき

　わたしのうちに今、ブラジルのアナさんがホームステイしています。
アナさんがかぜをひいたとき、母は「かぜなんだから、シャワーを浴び
たり、おふろに入ったりしたらだめよ。」と言いました。アナさんは「ど
うしていけないかわかりません。病気のときは清潔が大切だし、わたし
のうちでは熱が下がるようにシャワーを浴びたり、ぬるいお湯に入った
りします。」と言いました。それを聞いて、わたしたちはびっくりしまし
た。熱があったり、かぜをひいたりしているときは、おふろに入らない
ほうがいいと信じていたからです。学校で友達に聞いてみましたが、み
んな「おふろは入らないほうがいいと思う。」と言いました。どうしてそ
う思うか、聞きました。「常識だよ。子どものときから、いつも言われ
たよ。」わたしはどうしてそんな常識ができたか、調べてみました。

　　　　　昔、日本の家は冬とても寒かったので、
熱いおふろに肩まで入って体を温める習
慣ができました。熱いおふろは気持ちがい
いですが、長く入ると、疲れます。体の調
子が悪いとき、おふろに入って疲れると、
病気がひどくなります。それで、かぜのと
きや熱があるときは、おふろに入ってはい
けないと思うようになりました。今は家の中も暖かいし、シャワーもあ
るし、ほとんど問題はありませんが、昔の常識のとおりにしている人が
多いのです。

　　食べ物について昔から言われている
常識もあります。「うなぎと梅干し」
「すいかとてんぷら」などはいっしょ
に食べると、おなかをこわすと言われ
ています。医学的に正しいものはほとん
どないのですが、多くの人がまだ信じ
ています。

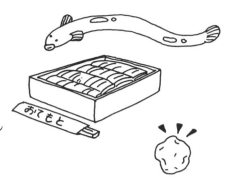

　　生活が変わっても、昔の常識をそのまま信じているのは変です。時々
その常識が正しいかどうか、どうしてその常識ができたか、考えてみ
たほうがいいでしょう。

Ⅰ　正しいものに〇、正しくないものに×を書いてください。
　1)　（　　　）かぜのときや熱が高いとき、おふろに入らないのは世界
　　　　　中の常識だ。
　2)　（　　　）熱があるとき、ぬるいおふろに入って、体の熱を下げよう
　　　　　と思う人がいる。
　3)　（　　　）うなぎと梅干しをいっしょに食べても、病気にならない。
　4)　（　　　）生活が変わっても、常識はなかなか変わらない。

Ⅱ　あなたの国と日本で、「常識」が違っているものがありますか。
　　どうして違っていると思いますか。

だれでもできて健康にいい習慣、教えます

1. 朝起きたら、すぐ、冷たい水をコップ1杯飲む

   冷たい水を飲むと、休んでいた胃と腸が動き始めます。

   腸がよく動いて、トイレへ行きたくなります。

2. 音楽を聞きながら食事する

   楽しい音楽を聞いて、気分が

   いいと、胃液がたくさん出ます。

3. 毎日鏡を見て笑う

   わたしたちの体は、病気に勝つ力を持っています。笑うと、その

   力が強くなります。それに、楽しい気持ちになれます。

4. 大股で歩く

   大股で歩くと、たくさん運動できるし、

   足の筋肉もよく使うことができます。

背の高さ×0.4cm

5. 寝るまえに、足の裏を5分マッサージする

   足の裏の ⬭ を押してください。

   よく寝られます。

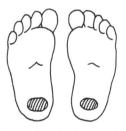

（「新春すてきな奥さん2000年版第3付録」主婦と生活社刊より）

☆ ほかに、毎日の生活でだれでもできて体にいいことを考えてみま

しょう。どうしてそれがいいか、考えてみてください。

健康チェック
けんこう

あなたの心臓と血管が疲れていないかどうか、チェックしてみましょ
しんぞう　けっかん　つか
う。

　　　はい…1点　　　いいえ…0点
　　　　　　てん　　　　　　　　　てん

（　　）油が多い料理がとても好きだ
　　　　あぶら　おお　りょうり　　　す

（　　）コーヒーに必ずミルクと砂糖を入れる
　　　　　　　　かなら　　　　　さとう　い

（　　）動かないで座っているときも、脈拍が1分に90以上ある
　　　　うご　　　　すわ　　　　　　　　　　みゃくはく　　ぶん　　　いじょう

（　　）スポーツはほとんどしない

（　　）塩辛い物が好きだ
　　　　しおから　もの　す

（　　）冬、重い布団をかけて寝ている
　　　　ふゆ　おも　ふとん　　　　ね

（　　）たばこは絶対にやめられない
　　　　　　　　　ぜったい

（　　）枕が高くなければ、寝られない
　　　　まくら　たか　　　　　　ね

（　　）魚より肉をよく食べる
　　　　さかな　にく　　　た

（　　）よく心臓がどきどきする
　　　　　　しんぞう

10点	大変！あなたの心臓と血管はとても疲れています。すぐ医者に相談してください。
5〜9点	安心してはいけません。健康に気をつけて、点が少なくなるようにしましょう。
1〜4点	かなりいいです。今の生活を続けるようにしましょう。
0点	あなたの心臓と血管はとても元気です。

（「頭と体の健康医学　疲れをとるちょっとした方法」石川恭三著青春出版社より）

ロボットといっしょ

　日本では最近一人暮らしの人が増えている。また、子どもの数が少なくなって、一人で生活するお年寄りが多くなっている。一人の生活は寂しいし、それに大変だ。世話をしてくれる人がいないので、何でも全部自分でしなければならない。

　それで、いろいろなロボットが作られている。ペットになったり、お手伝いをしたりするロボットだ。

　ある会社は犬のロボットを作った。この犬のロボットは頭がよくて、教えてやると、いろいろ覚える。いっしょに遊べるし、うちへ帰ると、この犬が迎えてくれる。

　また、ある会社はくまのロボットを作った。このロボットは簡単な話ができて、目でいろいろな気持ちが表現できる。そして、いつも飼い主の健康のデータを体の中のコンピューターに入れておく。例えば、飼い主が手でくまのロボットに触ると、このくまは飼い主の体の調子がわかるので、そのデータをコンピューターに入れる。くまのロボットが病院にデータを送ってくれるから、飼い主の体の調子がとても悪いときは、医者が診に来てくれる。犬もくまもロボットなので、食べ物をやったり、体を洗ってやったり、散歩に連れて行ってやったりしなくてもいい。ロボットといっしょに住むと、家族がいない人は寂しくないし、お年寄りや忙しい人は楽でいいかもしれない。

　ところで、ペットが死んだら、お墓を作ってやる人がいる。ロボットも壊れてしまったら、飼い主はお墓を作ってやるだろうか。

I　1.　正しいものに〇、正しくないものに×を書いてください。

　　1)　（　　　）犬のロボットはことばを話す。

　　2)　（　　　）くまのロボットは飼い主を病院へ連れて行く。

　　3)　（　　　）ロボットはあまり世話をしなくてもいいから、楽だ。

　2.　どうしてペットやお手伝いのロボットがたくさん作られていますか。

II　1.　あなたの国では子どもの数はどうなっていますか。

　2.　あなたは年を取ったら、だれといっしょに住みたいですか。

　3.　どんなロボットが欲しいですか。

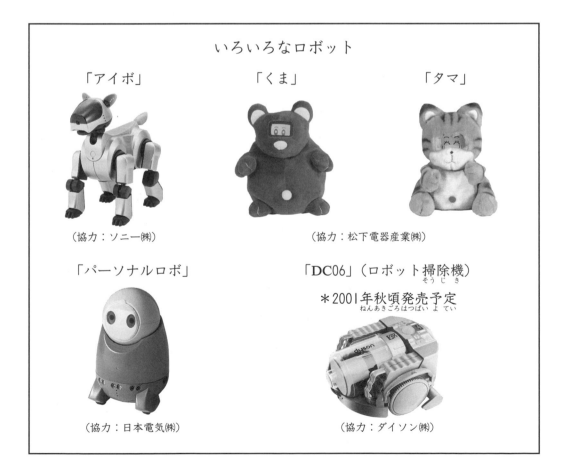

いろいろなロボット

「アイボ」　　　　「くま」　　　　「タマ」

（協力：ソニー㈱）　　　（協力：松下電器産業㈱）

「パーソナルロボ」　　　「DC06」（ロボット掃除機）

＊2001年秋頃発売予定

（協力：日本電気㈱）　　　（協力：ダイソン㈱）

肉を食べると
にく　　た

　世界中の人が食べる肉の量は毎年増えている。日本でも魚や野菜より肉が好きな子どもが多い。

　肉を食べるために、たくさんの動物が飼われている。今、牛や羊や豚、鶏などは世界の人口の3倍もいる。地球の土地の半分は牛や羊が使っているのだ。牛や羊をたくさん飼えば飼うほど、新しい草地が必要になる。それで、草地を作るために、世界中の森の木が切られている。中央アメリカでは1960年から90年までに森の3分の1以上が消えてしまった。森が少なくなると、地球は暖かくなる。

　また、いろいろな動物のえさに麦やとうもろこしがたくさん使われる。世界中の麦やとうもろこしの約40%は牛や豚、鶏などが食べている。アメリカでは70%が動物のために使われる。

　水やエネルギーも必要だ。アメリカでは1人が1年に食べる肉（112kg）を作るのに、石油190リットルのエネルギーと同じエネルギーが使われている。そして、牛肉を1kg作るのに、3,000リットル以上の水を使う。テキサスやカリフォルニアなど雨が少ない土地で牛を飼うからだ。

　ヨーロッパや日本では1kgの肉のために、アメリカ以上のえさやエネルギーが使われる。日本では日本人が好きな軟らかい牛肉を1kg作るために、アメリカの2倍の麦などのえさが使われている。

　世界の人口の約20%の人は食べる物がない。肉をたくさん食べるのをやめれば、食べる物がない人たちに麦やとうもろこしを送ることができる。人と地球を守るために、何をしたらいいか、考えなければならない。

（参考図書：レスター・ブラウン編著「地球白書1992-93、1996-97」ダイアモンド社）

I 1. 答えてください。
こた

　　　1) 肉を食べるために、飼っている動物はどのくらいいますか。
　　　　にく　た　　　　　　　　か　　　　　　　どうぶつ

　　　2) どうして森がなくなるのですか。
　　　　　　　もり

　2. (　　　) に入れるものをa〜d から選んでください。
　　　　　　　い　　　　　　　　　　　　　　えら

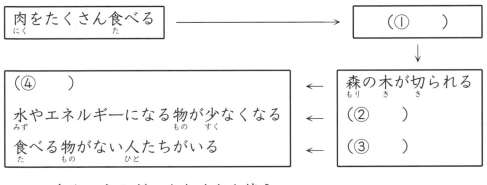

　　　a. 水やエネルギーをたくさん使う
　　　　みず　　　　　　　　　　つか

　　　b. 動物をたくさん飼う
　　　　どうぶつ　　　　　か

　　　c. 地球が暖かくなる
　　　　ちきゅう　あたた

　　　d. 人が食べられる麦やとうもろこしをたくさん使う
　　　　ひと　た　　　　　むぎ　　　　　　　　　　　　　つか

II 世界にはほかにどんな問題がありますか。
　　せかい　　　　　　　　もんだい

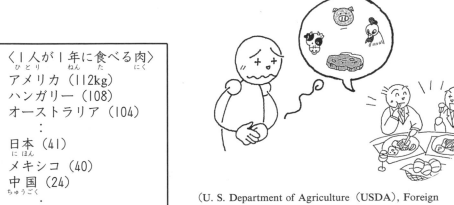

〈1人が1年に食べる肉〉
　ひとり　ねん　た　　にく
アメリカ (112kg)
ハンガリー (108)
オーストラリア (104)
　　　　:
日本 (41)
にほん
メキシコ (40)
中国 (24)
ちゅうごく
　　　:
タイ (8)
インド (2)

(U. S. Department of Agriculture (USDA), Foreign Agricultural Service, "World Livestock Situation", Washington, D. C, April 1991; Linda Bailey, agricultural economist, USDA, Washington, D. C., private communication, September 11, 1990.)

地球はどうなる？

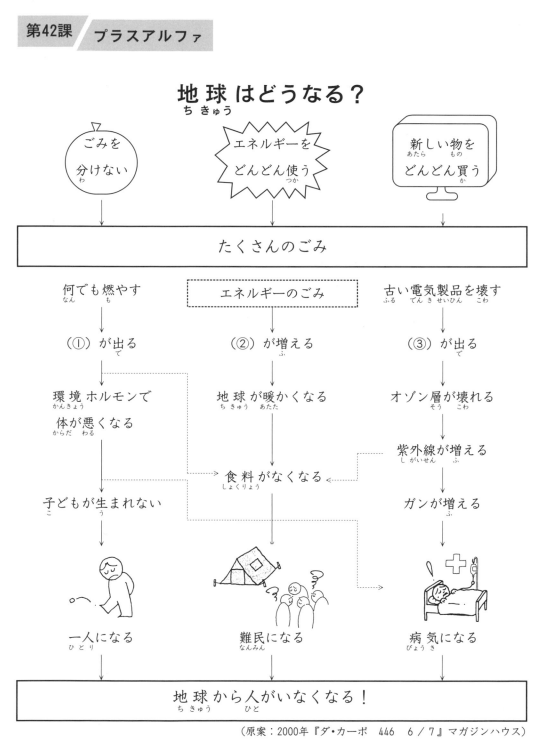

（原案：2000年『ダ・カーポ　446　6／7』マガジンハウス）

☆　①〜③はどれですか。

a. フロンガス　　b. ダイオキシン　　c. 二酸化炭素（CO_2）

あなたのエコロジー度は？

いつもしている（２点）　　時々している（１点）　　していない（０点）

１．新聞・雑誌、瓶・缶などをリサイクルに出している

２．できるだけリサイクルできる物を買う

３．買い物のとき、袋を持って行く

４．できるだけ車に乗らないで、電車やバスを使う

５．エアコンはできるだけ使わない

６．電気製品は省エネの製品しか使わない

７．洗濯のときはおふろの水を利用する

８．合成洗剤やせっけんをたくさん使わない

９．油で汚れたお皿は、汚れをふいてから洗う

10．夜は早く寝て、朝早く起きる

☆　何点になりましたか。

17〜20点　　あなたは地球を守るために、よく頑張っています。

12〜16点　　かなりいいですね。

9〜11点　　まあまあですね。もう少し頑張ってください。

6〜10点　　もっと地球のことを考えてください。

0〜 5点　　あなたはエコロジーについて考えたことがあります

　　　　　か。地球が死んでしまいますよ。

お元気ですか
げんき

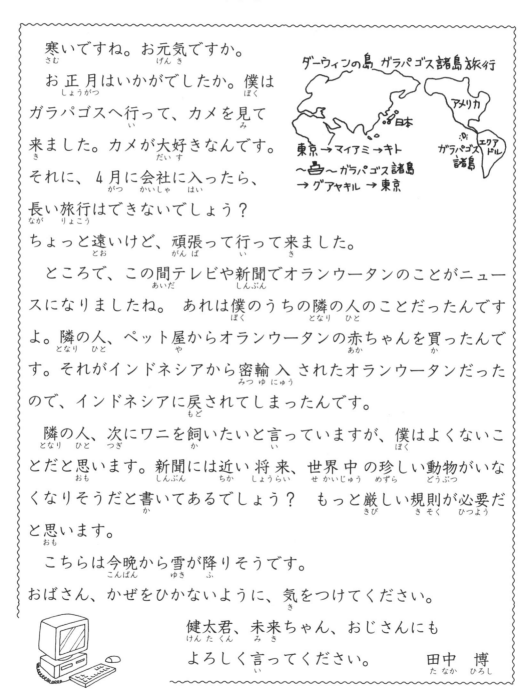

寒いですね。お元気ですか。

お正月はいかがでしたか。僕は
しょうがつ　　　　　　　　　　ぼく
ガラパゴスへ行って、カメを見て
　　　　　　　い　　　　　　み
来ました。カメが大好きなんです。
き　　　　　　　だいす
それに、４月に会社に入ったら、
　　　がつ　かいしゃ　はい
長い旅行はできないでしょう？
なが　りょこう
ちょっと遠いけど、頑張って行って来ました。
とお　　　　がんば　　い　き

ところで、この間テレビや新聞でオランウータンのことがニュー
あいだ　　　　しんぶん
スになりましたね。あれは僕のうちの隣の人のことだったんです
ぼく　　　　となり　ひと
よ。隣の人、ペット屋からオランウータンの赤ちゃんを買ったんで
となり　ひと　　や　　　　　　　　　　　　あか　　　　　か
す。それがインドネシアから密輸入されたオランウータンだった
みつゆにゅう
ので、インドネシアに戻されてしまったんです。
もど

隣の人、次にワニを飼いたいと言っていますが、僕はよくないこ
となり　ひと　つぎ　　　か　　　　い　　　　　　　ぼく
とだと思います。新聞には近い将来、世界中の珍しい動物がいな
おも　　　しんぶん　ちか　しょうらい　せかいじゅう　めずら　どうぶつ
くなりそうだと書いてあるでしょう？もっと厳しい規則が必要だ
か　　　　　　　　　　　きび　きそく　ひつよう
と思います。
おも

こちらは今晩から雪が降りそうです。
こんばん　ゆき　ふ
おばさん、かぜをひかないように、気をつけてください。
き

健太君、未来ちゃん、おじさんにも
けんたくん　みき
よろしく言ってください。
い
田中　博
たなか　ひろし

博君、メールをありがとう。

こちらは少しずつ暖かくなって、もうすぐ梅が咲きそうです。ガラパゴス旅行の写真を見ました。とても楽しそうで、卒業するまえに、いい思い出ができて、よかったですね。

カメのことですが、この間、隣の家のペットがうちへ入って来て、びっくりしました。とても大きいカメだったので、子どもたちが泣いて、騒いで、大変でした。もしかしたら、ガラパゴスのカメかもしれませんね。カメもちょっと悲しそうでした。ふるさとに戻してあげたいですね。卒業試験が終わったら、一度遊びに来てください。

健太と未来も楽しみにしています。

佐藤朝子
さ と う あ さ こ

追伸

お正月に撮った家族の写真を送ります。

健太も未来も大きくなったでしょう？

Ⅰ 1. 博君は何月ごろメールを送りましたか。

　　① 2月　　② 6月　　③ 12月

　2. 博君と朝子さんはどんな関係ですか。

　　① 友達　　② 恋人　　③ 親戚

　3. 正しいものに〇、正しくないものに✕を書いてください。

　　1)（　　）博君はもうすぐ卒業する。

　　2)（　　）博君はカメが好きなので、飼いたいと思っている。

　　3)（　　）博君は珍しいペットは飼わないほうがいいと思っている。

　　4)（　　）健太君と未来ちゃんは隣の人が飼っているカメと遊んだ。

　4. 博君の隣の人が飼っていたペットはどれですか。

Ⅱ 珍しいペットを飼っている人を知っていますか。
　あなたはどう思いますか。

ふるさとへ帰ったオランウータン

　オランウータンは、果物を食べて、木の上で生活する動物だ。日本からインドネシアへ返された4匹の赤ちゃんは今リハビリ訓練を受けている。人の手からえさをもらうことに慣れてしまっているので、自分で食べ物が探せないのだ。自然に帰るためには、400種類の木を覚えなければならない。訓練に時間がかかりそうだ。

　インドネシアに1950年代には80万匹もいたオランウータンが、今2万匹になっている。

（2000年2月3日毎日新聞より要約）

世界の絶滅しそうな動物

カレー

　カレーライスを食べたことがありますか。

　日本のカレーライスは白いごはんの上にカレーをかけて食べます。このカレーはインド料理だと日本人は思っています。

　カレーは明治時代にイギリスから日本に紹介されました。18世紀にインドでカレーの作り方を覚えたイギリス人が国へ帰って作りました。インドのカレーは辛すぎましたから、イギリス人は作り方を変えて、食べやすくしました。日本人はこのイギリスの作り方を習いました。

　今のカレーには、いろいろな野菜が入っていますが、明治時代のカレーには入っていませんでした。肉は牛肉などのほかに、エビやカエルを使いました。値段も高すぎましたから、普通の人はあまり食べることができませんでした。

　大正時代になって、今と同じカレーになりました。また材料のカレー粉を輸入しないで日本で作れるようになって、値段も安くなりました。肉や野菜がたくさん入ったカレーはとても栄養がありますから、軍隊でも作りました。軍隊でカレーを食べた人たちが、うちでもカレーを作って食べました。それで日本中でカレーを食べるようになったと言われています。

　1960年代にインスタントのカレールウができて、ずっと作りやすくなりました。値段も安くなりました。それで、カレーを食べる人が増えました。

　今はいろいろなタイプのカレーがあります。カレーパン、カレーうどんなど、カレーを使った食べ物も人気があります。

　アメリカのスーパーでは日本のカレールウをたくさん売っています。あるインド人はそれを買って食べてみました。「うん、うまい。日本のカレーも悪くない。」と言って、国へ買って帰りました。日本のカレーは日本料理なのです。

　おいしくて、安くて、簡単に作れる日本のカレー。あなたも今晩はカレーにしませんか。

Ⅰ　正しいものに〇、正しくないものに×を書いてください。

1)（　　）日本人は日本のカレーはインドのカレーと同じだと思っている。

2)（　　）イギリス人はインド人にカレーを教えた。

3)（　　）明治時代のカレーと大正時代のカレーは同じだった。

4)（　　）日本ではカレーライスのほかにカレーを使ったいろいろな食べ物がある。

5)（　　）日本のカレーを食べたインド人は日本のカレーはおいしいと言った。

Ⅱ　あなたの国にもカレーがありますか。
　どんなカレーですか。

カレーあれこれ

インスタントカレーの生産量

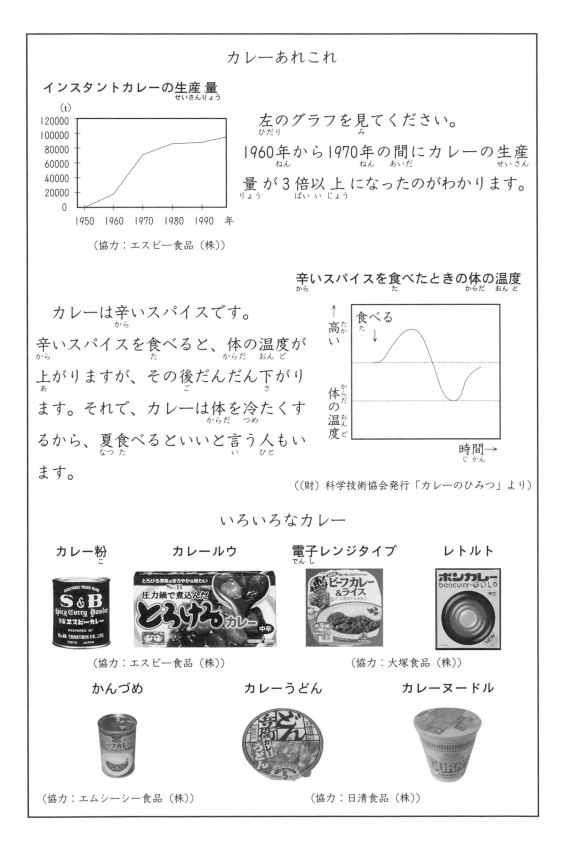

（協力：エスビー食品（株））

左のグラフを見てください。

1960年から1970年の間にカレーの生産量が3倍以上になったのがわかります。

カレーは辛いスパイスです。

辛いスパイスを食べると、体の温度が上がりますが、その後だんだん下がります。それで、カレーは体を冷たくするから、夏食べるといいと言う人もいます。

辛いスパイスを食べたときの体の温度

食べる ↓

高い

体の温度

時間→

（（財）科学技術協会発行「カレーのひみつ」より）

いろいろなカレー

カレー粉　　**カレールウ**　　**電子レンジタイプ**　　**レトルト**

とろける野菜のまろやかな味わい
圧力鍋で煮込んだ
とろけるカレー 中辛

ビーフカレー＆ライス

ボンカレー
boncurry-GOLD

（協力：エスビー食品（株））　　（協力：大塚食品（株））

かんづめ　　**カレーうどん**　　**カレーヌードル**

（協力：エムシーシー食品（株））　　（協力：日清食品（株））

64

第44課　プラスアルファ

料理教室
りょうりきょうしつ

きょうは「お好み焼き」を作ってみましょう。

－材料（4人分）－

　　小麦粉　2カップ、水　1カップ、卵　2個、キャベツ　1／2個

　　肉やえびなど　100グラム、ソース、かつおぶし、青のり、塩

1)　小麦粉に、水と卵と塩を入れて混ぜる。よく混ぜたら、小さく切っ
　　たキャベツを入れてもう一度混ぜる。

2)　フライパンを熱くして、油を塗って、1)を入れて、丸く広げる。
　　厚さを2センチぐらいにする。厚すぎると、中が焼けない。

3)　肉やえびなど、好きな物を焼いて2)の上に載せる。

4)　下側と周りが焼けたら、裏返す。火が強いと、焦げやすいので注意
　　する。焼きすぎるとまずくなる。

5)　2〜3回裏返して、焼けたら、ソースをつけて、かつおぶしと青の
　　りを載せて食べる。

☆　「お好み焼き」の作り方
　　1（　・）→　2（　　）→　3（　　）→　4（　　）

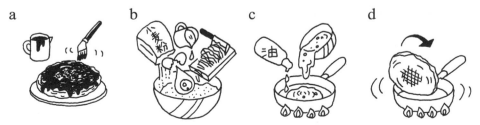

a　　　　　　　b　　　　　　　c　　　　　　　d

☆　あなたも何か料理の作り方を紹介してください。

119番に電話をかける
ばん でん わ

　急に病気になったり、大きなけがをしたりした場合は、すぐ119番に
きゅう びょうき おお ばあい ばん
電話をかけて、救急車を呼ばなければなりません。しかし、電話をした
てんわ きゅうきゅうしゃ よ てんわ
のに、うまく話せなくて、時間をむだにしてしまう場合があります。
はな じかん ばあい

　消防署で、こんな話を聞きました。
しょうぼうしょ はなし き

　「ある日、119番の電話がありました。
ひ ばん てんわ

女の人が『赤ちゃんが、赤ちゃんが』と
おんな ひと あか あか

言いながら泣いているんです。でも、赤
い な あか

ちゃんがどうしたのか、救急車はどこへ
きゅうきゅうしゃ

行けばいいのか、わかりません。『大丈夫
い だいじょうぶ

ですから、落ち着いてください』と言って、
おち つ い

やっと住所と名前を聞くことができましたが、救急車の出発が少し
じゅうしょ なまえ き きゅうきゅうしゃ しゅっぱつ すこ
遅れてしまいました。急に家族が倒れたり、けがをしたりすると、たい
おく きゅう かぞく たお
ていの人はびっくりして、ちゃんと話せなくなるんですね。」
ひと はな

　こんなとき、どうすれば電話で必要なことをきちんと伝えることがで
てんわ ひつよう つた
きるか、消防署の人に聞いてみました。
しょうぼうしょ ひと き

　大切なことは次の4つです。
たいせつ つぎ よっ

　①まず、病気か火事か、言う。（病気の場合は救急車、火事の場
びょうき かじ い びょうき ばあい きゅうきゅうしゃ かじ ば
　　合は消防車）
あい しょうぼうしゃ

　②名前と住所を言う。
なまえ じゅうしょ い

　③病院へ運ぶ人は男の人か女の人か、言う。年齢も言う。
びょういん はこ ひと おとこ ひと おんな ひと い ねんれい い

　④様子を説明する。
ようす せつめい

「電話のそばに、住所と名前、電話番号が書いてあるメモをはっておいてください。慌てていても、メモがあれば、それを読むことができます。気持ちも落ち着きます。」と、消防署の人はアドバイスしてくれました。

非常の場合にうまく電話がかけられるように、準備しておきましょう。

（1999年9月26日朝日新聞より要約）

I　正しいものに○、正しくないものに×を書いてください。

1) （　　）急に病気になったら、しばらく様子を見てから、119番に電話をかける。

2) （　　）火事の場合も、急に病気になった場合も、119番に電話する。

3) （　　）119番に電話をかけたとき、名前と住所を必ず言う。

4) （　　）非常の場合は、電話で必要なことを伝えるのにメモが役に立つ。

II　あなたや家族が急に病気になったり、けがをしたりしたことがありますか。そのとき、どうしましたか。

危ない！

あぶ

　ある日、ミラーさんは道を渡っていました。そのとき、向こう側にいた日本人の友達が「危ない！」と叫びました。ミラーさんは何が危ないのか、よくわかりませんでしたが、止まりました。車がミラーさんの前をすごいスピードで走って行きました。

　次の日、ミラーさんは車を駐車場に止めようと思って、バックしていました。隣に座っていた日本人の友達が「ぶつかる！」と叫びました。びっくりしたミラーさんはどうしたらいいか、わかりませんでした。車はうしろの壁にぶつかってしまいました。

　ミラーさんはどうして友達が「止まれ！」とか「ブレーキを踏め！」とか、言わなかったのか、不思議だと思いました。

　それで、いろいろな場合に日本人が何と言うか、聞いてみました。

☆　右のページの１～６の場合は、どんなことばが使われると思いますか。ａ～ｆから選んでください。

a．ぶつかる	b．落ちる	c．倒れる
d．折れる	e．邪魔	f．うるさい

いとこの長靴
ながぐつ

　僕は３歳のとき、パトカーに乗ったことがあります。冬のある日の午後でした。友達の健ちゃんの家へ遊びに行こうと思いました。母は弟の世話で忙しそうでしたから、僕は「健ちゃんのうちへ行く。」と言って一人で出かけました。お古の長靴をはいていました。いとこが大きくなって、はけなくなったので、くれたのです。もらったばかりで、うれしかったのをよく覚えています。

　健ちゃんのうちは隣の建物の５階で、建物は入り口が４つもありました。ぼくは何回も遊びに行ったことがあるのに、どれかよくわかりませんでした。「右から２つ目の入り口のはずだ」と思って、５階まで頑張って登りました。ドアをノックしましたが、ドアを開けた女の人は全然知らない人でした。「健ちゃんと遊ぶ。」と言いましたが、その人は健ちゃんを知りませんでした。ここに引っ越ししたばかりだったのです。

　名前を聞かれたので、「みのる」と答えました。家はどこか、父の名前は何か聞かれましたが、僕は答えられませんでした。女の人は僕の服や長靴を調べて、長靴の中にいとこの名前が書いてあるのを見つけました。でもその名前は僕が言ったのと違うし、住所もないので、女の人は僕を近くの交番へ連れて行きました。

　警官が名前とうちを聞きました。僕は名前を教えましたが、警官も長靴の名前を見て、信じてくれませんでした。僕はパトカーで警察署へ連

れて行かれました。ほかの警官がまた同じ質問をしましたが、僕はもう何も答えませんでした。

　5時ごろやっと両親が来ました。僕はテレビを見ながら、警官がくれたパンを食べているところでした。両親の顔を見て、大きな声で泣いてしまいました。母は健ちゃんのうちへ迎えに行きましたが、僕がいなかったので、びっくりしました。それで警察に連絡したのです。両親は警官にしかられました。

　僕はそれからしばらくパトカーに乗ったことが自慢でした。

Ⅰ　1.　「僕」はどんな顔だったと思いますか。a〜e を入れてください。

　　1)　長靴をはいて出かけるところ（　　）

　　2)　知らない女の人に会ったとき（　　）

　　3)　パトカーに乗っているところ（　　）

　　4)　警察署で名前を聞かれたとき（　　）

　　5)　両親が迎えに来たとき（　　）

　　a　　　　　　b　　　　　　c　　　　　　d　　　　　　e

　2.　答えてください。

　　1)　どうして長靴にいとこの名前が書いてあったのですか。

　　2)　どうして「僕」は警察署で質問されても、答えませんでしたか。

　　3)　警官は両親にどんなことを言ったと思いますか。

Ⅱ　子どものとき、どんな出来事がありましたか。話してください。

俳句
はいく

俳句は日本で生まれた世界でいちばん短い17音の詩です。

俳句には作るときに規則があります。

- 17音を五・七・五のリズムにして作ります。
- 季節を表すことばを入れます。
- 気持ちを強く伝えたり、リズムをよくしたりするために「や」「かな」
  などを使います。

今は規則を守らないで作る新しい俳句もあります。

いっしょに有名な俳句を読んでみましょう。

1)
あの月を
とってくれろと
泣く子かな

小林一茶

空にきれいな月が出ています。「とってくれろ」は「とってください」という意味です。子どもが「あの月が欲しいよ。」と言って泣いています。

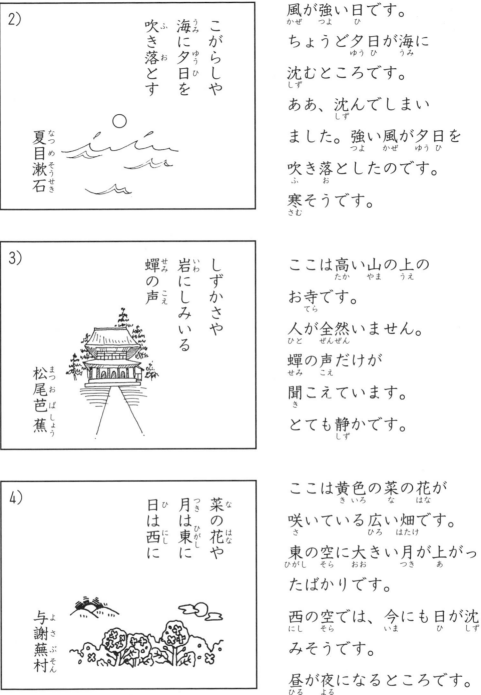

2)
こがらしや
海に夕日を
吹き落とす

夏目漱石

風が強い日です。
ちょうど夕日が海に
沈むところです。
ああ、沈んでしまい
ました。強い風が夕日を
吹き落としたのです。
寒そうです。

3)
しずかさや
岩にしみいる
蟬の声

松尾芭蕉

ここは高い山の上の
お寺です。
人が全然いません。
蟬の声だけが
聞こえています。
とても静かです。

4)
菜の花や
月は東に
日は西に

与謝蕪村

ここは黄色の菜の花が
咲いている広い畑です。
東の空に大きい月が上がっ
たばかりです。
西の空では、今にも日が沈
みそうです。
昼が夜になるところです。

☆1　1)〜4)の俳句の季節は春、夏、秋、冬のいつですか。

☆2　あなたも俳句を作ってみてください。

空を飛ぶ自動車
そら　　と　　じどうしゃ

　空を飛ぶ自動車が欲しいと思ったことはありませんか。そんな車はな
そら　と　じどうしゃ　ほ　　　おも　　　　　　　　　　　　　　　　　　くるま
いと思うかもしれませんが、実はあるのです。
　おも　　　　　　　　　　　じつ

　アメリカのある会社は、ほんとうに空を飛べるスカイカーを作ってい
かいしゃ　　　　　　　　　　そら　と　　　　　　　　　　　　つく
るそうです。この会社は垂直に飛べる飛行機の技術を持っています。
かいしゃ　すいちょく　と　　ひこうき　ぎじゅつ　も

　今作っているスカイカーは4人乗りと1人乗りの2種類あるそうで
いまつく　　　　　　　　　　にんの　　　　ひとりの　　　しゅるい
す。もちろん、道を走るとき邪魔になる羽は付いていません。道が込ん
みち　はし　　　じゃま　　　はね　つ　　　　　　　　みち　こ
でいたら、そのまま空へ上がったり、すいている場所まで飛んだりする
そら　あ　　　　　　　　　　　　ばしょ　　と
ことができるそうです。普通の人が乗るために作っていますが、パト
ふつう　ひと　の　　　　　つく
カーにも使おうと思っているようです。
つか　　　おも

　売るためには、まだいろいろ問題がありますが、もし買えるように
う　　　　　　　　　　　　　もんだい　　　　　　　　　　　か
なったら、おもしろいですね。

スカイカー（M400）

サイズ	長さ5.5m×幅2.7m×高さ1.8m
乗れる人の数	4人
いちばん速い速度	624km／時間
飛べる距離	1440km
ガソリン1リットルで走れる距離	6.3km
エンジンの大きさ	960馬力
その他	・垂直に上がれる、下がれる ・ガソリンが使える

（1999年『JAF-MATE 10』JAF MATE社）

Ⅰ 1. 正しいものに〇、正しくないものに×を書いてください。

　1) （　　） スカイカーは飛行機と同じです。

　2) （　　） 警官がスカイカーに乗るかもしれません。

　3) （　　） 今アメリカでスカイカーが買えます。

　2. スカイカーの広告です。（　　）に数字を書いてください。

Ⅱ 1. スカイカーを買いたいですか。

　2. どんな乗り物があったら、便利だと思いますか。

ほんとうにあるのは？

あると、便利なものをいろいろ集めてみました。

〈ぬれない新聞〉

おふろで読める新聞。

ぬれても、破れないので、傘の

代わりになるそうだ。

〈目薬 コンタクトレンズ〉

目薬になっていて、朝、目に入れる

と、1日、コンタクトレンズになる。

寝るときは、目を洗えばいいそうだ。

〈クレジットカードになる時計〉

機械に時計を見せれば、お金が払える。

朝から晩までほとんどの人は時計を

外さないから、安全だそうだ。

〈食べるワクチン〉

注射は痛い。子どもは注射が嫌いだ。

だから、インフルエンザやいろいろな

病気のワクチンをおいしい食べ物にして、

体に入れることができるそうだ。

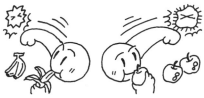

〈喫煙用カプセル〉

たばこを吸うときに、かぶる。

吸いたい人は、いつでも、どこでも

吸えるし、たばこが嫌いな人と

いっしょにいられるそうだ。

〈元気になるズボン〉

年を取ると、足が弱くなる。

このズボンをはくと、足が強く

なって、歩けるようになるそうだ。

☆　１．　ほんとうにあるのはどれですか。

☆　２．　あなたはどんなものがあったら、便利だと思いますか。

竹取物語
たけとりものがたり

　昔、ある所におじいさんとおばあさんが住んでいました。おじいさんは山から竹を取って来て、いろいろな物を作って、売っていました。

　ある日、おじいさんは不思議な光を出している竹を見つけて、切りました。中には小さな、かわいい女の子がいました。子どもがいないおじいさんとおばあさんはとても喜んで、女の子に「かぐや姫」という名前をつけて、大切に育てました。かぐや姫はどんどん大きくなって、とてもきれいになりました。

　美しいかぐや姫のことを聞いて、男たちが結婚を申し込みに来ました。「どうぞ、かぐや姫と結婚させてください。」おじいさんはかぐや姫に男たちの気持ちを伝えましたが、かぐや姫は結婚したくないと言いました。

　しかし、5人の男があきらめなかったので、「わたしがお願いした物を探して来た人と結婚します。」と言って、男たちを遠い国へ行かせました。かぐや姫が男たちに頼んだ物はとても珍しくて、探すのが大変でした。

　1人はインドへ仏の石の鉢を探しに行きました。1人は東の海にある山へ行って、宝石でできた木の枝を取って来なければなりませんでした。1人は絶対に燃えないねずみの皮の着物を探しに中国へ行きました。1人は竜の首の玉を、1人はつばめが持っている珍しい貝を取って来なければなりませんでした。しかし、3年過ぎても、だれも頼んだ物を持って来ることができませんでした。無理なことをして、病気になっ

た男や死んでしまった男もいました。

　天皇もかぐや姫が好きになり、妻にしたいと思いました。何回も手紙で気持ちを伝えましたが、「はい」と言わせることはできませんでした。

　そして、また3年が過ぎて、夏になりました。かぐや姫は毎晩月を見て泣くようになりました。

「かぐや姫、どうしたの？」

「わたしはこの世界の者ではありません。月の世界から来たのです。次の満月の晩に月へ帰らなければなりません。それで、とても悲しいのです。」

　びっくりしたおじいさんは天皇に「かぐや姫を帰らせないでください。」とお願いしました。満月の夜、天皇はたくさんの兵隊におじいさんの家を守らせました。しかし、夜中に家の周りは不思議な光でいっぱいになって、兵隊たちは何も見えなくなりました。月から車が迎えに来たのです。かぐや姫が乗った月の車は空を飛んで行きました。

　ところで、かぐや姫は帰るときに、おじいさんたちに贈り物をしました。それは「不死の薬」でした。しかし、おじいさんとおばあさんはとても悲しんで、薬を飲まないで、死んでしまいました。天皇はかぐや姫がいない世界で生きていても、意味がないと思って、高い山の上で薬を焼かせました。それから、その山は「不死の山」から「富士の山」、そして、「富士山」という名前になったのです。

Ⅰ 1. a〜fを話の順に並べてください。
　　　　　　はなし　じゅん　なら

　　1（　　）→2（　　）→3（　　）→4（　　）→5（　　）→6（　　）

　　2. 正しい答えを選んでください。
　　　　ただ　　こた　　えら

　　　1）かぐや姫は地球の人でしたか。
　　　　　　　　ひめ　ちきゅう　ひと

　　　　　①はい　　②いいえ

　　　2）かぐや姫は男たちに何をさせましたか。
　　　　　　　　ひめ　おとこ　　　なに

　　　　　①外国旅行をする
　　　　　　がいこくりょこう

　　　　　②結婚の準備をする
　　　　　　けっこん　じゅんび

　　　　　③珍しい物を探す
　　　　　　めずら　　もの　さが

3)　かぐや姫は天皇と結婚したいと思いましたか。

　　①はい　　②いいえ

4)　かぐや姫はどうして悲しそうでしたか。

　　①月が嫌いだから

　　②おじいさんたちと別れなければならないから

　　③地球の人と結婚できないから

5)　どうして天皇は不死の薬を焼かせましたか。

　　①おじいさんたちが死んだから

　　②薬が嫌いだから

　　③長生きしても、意味がないから

Ⅱ　あなたの国に月に関係がある話がありますか。

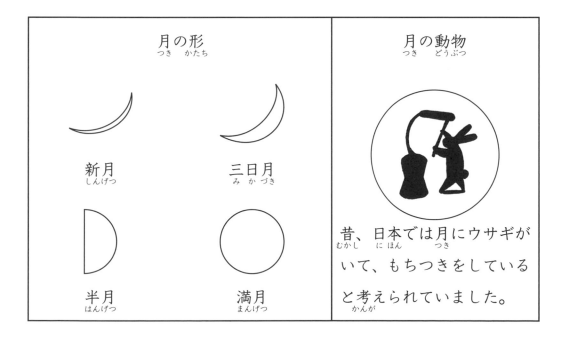

月の形	月の動物
新月　　三日月 半月　　満月	昔、日本では月にウサギがいて、もちつきをしていると考えられていました。

人 生
じん せい

では、新郎新婦をご紹介いたします。

新郎の宝田太郎さんは1971年に京都でお生まれになりました。こと
し29歳でいらっしゃいます。1993年にさくら大学を卒業なさって、アッ
プル銀行に入られました。銀行に入られて2年目にアメリカの大学に留
学なさいました。学生時代は相撲をなさっていて、料理もお上手だそう
です。

新婦の花子さんは1965年にニューヨークでお生まれになり、パリ、ロ
ンドン、モスクワで子ども時代を過ごされました。国際人でいらっしゃ
います。ご趣味はいろいろなものをデザインすること
で、特に帽子のデザインがお好きだそうです。いつか
ご自分の店を持ちたいとおっしゃっています。

宝田部長はきょう退職
たから だ ぶちょう たいしょく

なさいます。銀行に入られてから25年、
世界中のいろいろな支店にお勤めになりました。働きながら見たこと、
考えたことをお書きになり、本を出されました。書きたいことがまだま

だあるので、書く時間を作るために、この度銀行をやめる決心をなさいました。デザイナーの花子夫人も賛成なさっているそうです。

宝田さんの新しいご出発をお祝いし、ご成功をお祈りして、乾杯！

　宝田君、花子さん、ご結婚50周年おめでとうございます。

「50年」と口で言うのは易しいですが、ほんとうに長い年月です。50年間いろいろなことがあったでしょう。たぶんけんかもなさったと思います。

　これからも健康に気をつけて、お二人で人生を楽しみながら、60周年、70周年をお迎えください。乾杯！

　宝田さん、どうしてこんなに急にいってしまわれたのですか。何を話せばいいか、ことばが見つかりません。たぶん去年先にいかれた奥様にお会いになりたくて、急がれたのですね。わたしたちはとても寂しいですが、宝田さんは今ごろ奥様とお会いになって、いろいろなお話をなさっているのでしょう。

　どうぞ安らかにお眠りください。

Ⅰ 1. （　　）にことばか数字を入れてください。

宝田太郎

1971年	京都で生まれた
1993年	（①　　　　　　　　　）を出て、アップル銀行に入った
（②　　　）年	アメリカの大学に留学した
（③　　　）年	花子と結婚した
（④　　　）年	（⑤　　　歳）で銀行をやめた
2050年	（⑥　　　　　　　　　）のパーティーをした
2060年	亡くなった

2. 正しいものに〇、正しくないものに×を書いてください。

1) （　　）太郎と花子は長生きをした。

2) （　　）太郎は花子より早く死んだ。

3) （　　）太郎はいろいろな会社で働いた経験がある。

3. 4番目のスピーチはどこでしていると思いますか。

①　卒業式　　②　葬式　　③　スピーチ大会

Ⅱ 1. 友達が結婚します。お祝いのスピーチを書いてください。

2. 日本では長生きすると、お祝いをします。60歳、70歳、77歳、88歳などです。あなたの国でもお祝いをしますか。

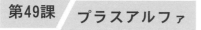

あいさつ状
じょう

1) 明けましておめでとうございます。
あ

　　ことしもよろしくお願いいたします。
　　　　　　　　　　　ねが

2) ご結婚おめでとうございます。
けっこん

　　ご招待ありがとうございます。
　　しょうたい

　　喜んで出席させていただきます。
　　よろこ　　しゅっせき

3) わたしたち結婚しました。
けっこん

　　未熟な二人ですが、
　　みじゅく　ふたり

　　よろしくお願いいたします。
　　　　　　ねが

4) 暑中お見舞い申し上げます。
しょちゅう　みま　もう　あ

　　いかがお過ごしでいらっしゃいますか。
　　　　す

　　暑さはまだまだ続きそうです。
　　あつ　　　　　　つづ

　　どうぞ無理をなさらないでください。
　　　　む　り

5) 紅葉がきれいな季節になりました。
もみじ　　　　　きせつ

　　お元気でいらっしゃいますか。
　　げんき

　　さて、私、この度下記の住所に引っ越しいたしました。
　　　わたくし　　たびかき　じゅうしょ　ひ　こ

　　お近くにおいでの節はぜひお立ち寄りください。
　　ちか　　　　　せつ　　　　　た　よ

☆　上のあいさつ状はどんなとき書きましたか。
　　うえ　　　　　じょう　　　　　　　か

　①夏　　②うちを買ったとき　　③結婚式に招待されたとき
　　なつ　　　　　か　　　　　　　けっこんしき　しょうたい

　④正月　　⑤結婚したとき
　　しょうがつ　　けっこん

紫 式部に聞く
むらさきしき ぶ き

―――― 皆さん、こんにちは。「タイム・マシン」の時間です。
みな じかん

きょうは 紫 式部さんをお迎えしました。 紫 式部さんは世
むらさきしきぶ むか むらさきしきぶ せ

界で初めての長い 小 説「源氏物 語」をお書きになった方で
かい はじ なが しょうせつ げんじ ものがたり か かた

す。

では、 お伺いします。 紫 式部さんは源氏物 語 をお書きに
うかが むらさきしきぶ げんじ ものがたり か

なったとき、1,000年後も読まれると思われましたか。
ねんご よ おも

紫 式部 いいえ。今の人気にびっくりしております。漫画やミュージ
むらさきしき ぶ いま にんき まんが

カルになっているそうですね。

―――― ええ。

どうして1,000年後の今も人気があると思われますか。
ねんご いま にんき おも

紫 式部 いろいろな読み方ができるからだと思います。
むらさきしき ぶ よ かた おも

この 小 説のテーマは愛ですが、昔も今も愛について人の考
しょうせつ あい むかし いま あい ひと かんが

え方や気持ちは変わりません。また、平安時代の政治や文化、
かた きも か へいあん じだい せいじ ぶんか

習 慣を知ることができます。
しゅうかん し

―――― 「源氏物 語」が外国語に翻訳されているのをご存じですか。
げんじ ものがたり がいこくご ほんやく ぞん

紫 式部 いいえ、存じませんでした。
むらさきしき ぶ ぞん

―――― 英語、フランス語、ドイツ語、イタリア語、ロシア語、中 国
えいご ご ご ご ご ちゅうごく

　　　　　語に翻訳されています。

紫式部　　そうですか。でも、外国語で読まれた方は、できればもう一度、今の日本語で読んでくだされば、もっといいと思います。

――――　ところで、2000年に紫式部さんと源氏物語をデザインした二千円札が作られたのをご存じですか。

紫式部　　はい、存じております。でも、絵が小さくて、私の顔がよく見えないのが残念でございます。

――――　ご家族を紹介していただけますか。

紫式部　　私は20代の終わりごろ結婚いたしました。夫は藤原宣孝と申します。結婚してすぐ夫は九州に転勤になりましたが、私はいっしょに参りませんでした。頭がよくて、おもしろい人でしたが、2年後に病気で死んでしまいました。娘が1人おります。

――――　それからどうなさいましたか。

紫式部　　天皇の奥様に和歌などをお教えする仕事をいたしました。

――――　働きながら「源氏物語」を書かれたのですね。

紫式部　　はい。仕事を始めるまえから書いておりましたが、働くようになってからも続けました。

――――　キャリアウーマンですね。今のキャリアウーマンで、だれかお会いになりたい方がいらっしゃいますか。

紫式部　　はい。日本の女性で初めて宇宙に行かれた向井千秋さんにぜひお目にかかりたいです。

――――　そうですか。今度機会があれば、式部さんと千秋さんの対談をこの番組でお願いしたいです。

　　　　　きょうはどうもありがとうございました。

I インタビューの内容に合っているものに〇、合っていないものに×
を書いてください。

    1.   紫式部について

       1) (   )紫式部は源氏物語を書いたとき、1,000年後も読ま
れると思っていた。

       2) (   )紫式部の結婚生活はあまり長くなかった。

       3) (   )紫式部は和歌が上手だった。

       4) (   )紫式部は仕事を始めてから、源氏物語を書いた。

       5) (   )紫式部は平安時代のキャリアウーマンだと言える。

    2. 源氏物語について

       1) (   )源氏物語は今もよく読まれている。

       2) (   )源氏物語は平安時代の政治について書かれた小説
だ。

       3) (   )源氏物語はスペイン語でも読むことができる。

       4) (   )源氏物語は日本語で読んだほうがいい。

II あなたの国の有名な人を「タイム・マシン」の時間に招待して、イ
ンタビュー記事を書いてみてください。

第50課 / プラスアルファ

お会いできて、うれしいです

きょうは20世紀に「こちら」へいらっしゃった方に集まっていただきました。まず自己紹介をしていただきましょう。

1) スウェーデンから参りました。私が発明したダイナマイトが戦争に使われて、たくさんの人が亡くなりました。死ぬまえに「わたしのお金は平和のために働いた人にあげてください。」と頼みました。

2) 私は画家です。スペインで生まれて、フランスで仕事をいたしました。1930年代にスペインで戦争があったとき、「ゲルニカ」をかきました。この絵で、戦争はしてはいけないと世界中の人に伝えたかったのです。

3) 映画をたくさん作りました。40歳のとき作った「羅生門」で、ベネチア国際映画祭金獅子賞をいただいて、とてもうれしかったです。「七人の侍」も有名で、ヨーロッパ、アメリカでも人気がありました。88歳で「こちら」へ参りました。

4) 相対性理論を発見して、ノーベル賞をいただきました。ドイツで生まれましたが、戦争のときアメリカに亡命いたしました。20世紀に活躍なさった皆さんにお会いできて、うれしいです。

☆ 上の人はだれでしょうか。下の中から選んでください。
①ピカソ　　②アインシュタイン　　③黒沢明　　④ノーベル

著者

牧野　昭子　　財団法人海外産業人材育成協会（HIDA）　日本語講師
澤田　幸子　　財団法人海外産業人材育成協会（HIDA）　日本語講師
重川　明美　　グループ四次元ポケット
田中　よね　　神戸大学留学生センター　　　非常勤講師
水野　マリ子　神戸大学留学生センター　　　教授

翻訳

㈱スリーエーネットワーク　　（英語）
徐　　前　　　　　　　　　　（中国語）
秋　　承錦　　　　　　　　　（韓国語）
矢沢　悦子　　　　　　　　　（インドネシア語）
白石　アンチャリー　　　　　（タイ語）

本文イラストレーション

向井　直子
佐藤　夏枝

表紙イラストレーション

さとう　恭子

表紙デザイン

小笠原　博和

みんなの日本語　初級II
初級で読めるトピック25

2001年6月5日　初版第1刷発行
2012年6月5日　第12刷発行

著　者　　牧野昭子　澤田幸子　重川明美　田中よね　水野マリ子
発行者　　小林卓爾
発　行　　株式会社　スリーエーネットワーク
　　　　　〒102-0083　東京都千代田区麹町3丁目4番
　　　　　　　　　　　トラスティ麹町ビル2F
　　　　　電話　営業　03（5275）2722
　　　　　　　　編集　03（5275）2725
　　　　　http://www.3anet.co.jp/
印　刷　　倉敷印刷株式会社

みんなの日本語シリーズ

みんなの日本語初級 I

本冊	2,625 円	漢字 韓国語版	1,890 円
本冊 ローマ字版	2,625 円	漢字 ポルトガル語版	1,890 円
翻訳・文法解説ローマ字版（英語）	2,100 円	漢字練習帳	945 円
翻訳・文法解説英語版	2,100 円	漢字カードブック	630 円
翻訳・文法解説中国語版	2,100 円	初級で読めるトピック 25	1,470 円
翻訳・文法解説韓国語版	2,100 円	書いて覚える文型練習帳	1,365 円
翻訳・文法解説フランス語版	2,100 円	聴解タスク 25	2,100 円
翻訳・文法解説スペイン語版	2,100 円	教え方の手引き	2,940 円
翻訳・文法解説タイ語版	2,100 円	練習 C・会話イラストシート	2,100 円
翻訳・文法解説ポルトガル語版	2,100 円	導入・練習イラスト集	2,310 円
翻訳・文法解説インドネシア語版	2,100 円	CD	5,250 円
翻訳・文法解説ロシア語版〔第 2 版〕	2,100 円	携帯用絵教材	6,300 円
翻訳・文法解説ドイツ語版	2,100 円	B4 サイズ絵教材	37,800 円
翻訳・文法解説ベトナム語版	2,100 円	会話 DVD NTSC	8,400 円
標準問題集	945 円	会話 DVD PAL	8,400 円
漢字 英語版	1,890 円		

みんなの日本語初級 II

本冊	2,625 円	漢字 英語版	1,890 円
翻訳・文法解説英語版	2,100 円	漢字練習帳	1,260 円
翻訳・文法解説中国語版	2,100 円	初級で読めるトピック 25	1,470 円
翻訳・文法解説韓国語版	2,100 円	書いて覚える文型練習帳	1,365 円
翻訳・文法解説フランス語版	2,100 円	聴解タスク 25	2,520 円
翻訳・文法解説スペイン語版	2,100 円	教え方の手引き	2,940 円
翻訳・文法解説タイ語版	2,100 円	練習 C・会話イラストシート	2,100 円
翻訳・文法解説ポルトガル語版	2,100 円	導入・練習イラスト集	2,520 円
翻訳・文法解説インドネシア語版	2,100 円	CD	5,250 円
翻訳・文法解説ロシア語版〔第 2 版〕	2,100 円	携帯用絵教材	6,825 円
翻訳・文法解説ドイツ語版	2,100 円	B4 サイズ絵教材	39,900 円
翻訳・文法解説ベトナム語版	2,100 円	会話 DVD NTSC	8,400 円
標準問題集	945 円	会話 DVD PAL	8,400 円

みんなの日本語初級 やさしい作文	1,260 円

みんなの日本語中級 I

本冊	2,940 円	翻訳・文法解説スペイン語版	1,680 円
翻訳・文法解説英語版	1,680 円	翻訳・文法解説ポルトガル語版	1,680 円
翻訳・文法解説中国語版	1,680 円	翻訳・文法解説フランス語版	1,680 円
翻訳・文法解説韓国語版	1,680 円	教え方の手引き	2,625 円
翻訳・文法解説ドイツ語版	1,680 円		

みんなの日本語中級 II

本冊	2,940 円

価格は税込みです

スリーエーネットワーク

ホームページで新刊や日本語セミナーをご案内しています
http://www.3anet.co.jp/